CHARLES TAYLOR
ROWAN WILLIAMS • JULIÁN CARRÓN

Habitar nuestro tiempo

Vivir sin miedo en la era
de la incertidumbre

EDICIÓN DE ALESSANDRA GEROLIN

SEKOTIA

SEKOTIA
www.sekotia.com
@sekotia

© 2024 Mondadori Libri S.p.A., originally published by BUR, Milano, Italy

© Charles Taylor, 2025
© Rowan Williams, 2025
© Julián Carrón, 2025
© de la introducción: Alessandra Gerolin, 2025
© del prólogo de: Fernando de Haro, 2025
© Editorial Almuzara, S. L., 2025

Primera edición: abril de 2025

Sekotia • Colección Reflejos de Actualidad
Editor: Humberto Pérez-Tomé Román

info@almuzaralibros.com
Parque Logístico de Córdoba. Ctra. Palma del Río, km 4
C/ 8, Nave L2, n.º 3. 14005 - Córdoba

Imprime: Gráficas La Paz
ISBN: 978-84-19979-88-9
Depósito legal: CO-443-2025
Hecho e impreso en España - *Made and printed in Spain*

ÍNDICE

Habitar en la España secular. Prólogo por Fernando de Haro 9
Una gran oportunidad 11
Quebec y España en la misma onda 13
Cristiandad desaparecida 15
España en la era secular 21

Introducción por Alessandra Gerolin 27

Habitar nuestro tiempo. Vivir sin miedo en la era de la incertidumbre ... 33

Prólogo
por Fernando de Haro

Habitar en la España secular

En este libro se recoge una conversación entre un pensador de Quebec, un teólogo de Extremadura y un obispo anglicano de Gales. Los tres responden a las preguntas que les hace una profesora italiana. El texto tiene la frescura y la fuerza de un diálogo entre amigos: aparecen confidencias, relatos de infancia y de juventud, muchas experiencias que ayudan a mirar el mundo y a mirarse a uno mismo con una esperanza que es difícil de encontrar en estos tiempos.

¿Por qué puede tener interés para un lector español un libro que surgió de un coloquio entre Charles Taylor, Julián Carrón y Rowan Williams, alentado por Alessandra Gerolin? Son personalidades de gran altura, aunque no especialmente conocidas para el público de nuestro país. Pero las cuestiones que abordan tienen mucho que ver con los problemas que han marcado la historia reciente y el momento que atravesamos en España, con los retos que el presente plantea a cualquier persona que quiere «vivir sin miedo en la edad de la incertidumbre». Es el subtítulo de este volumen.

La obra de Charles Taylor abarca muchos campos: antropología filosófica, epistemología, fenomenología, filosofía del lenguaje, ética, religión... Se ha dedicado también a la política, ha elaborado informes para afrontar los problemas más acuciantes de su país. Vibra con especial intensidad cuando quiere comprender las corrientes profundas que mueven nuestro mundo, cuando da respuestas positivas a sus desafíos. Está convencido de que la sociedad no es una mera suma de individuos. La sociedad no es solo un instrumento que le permite a cada uno de ellos, sin discriminación, desarrollar sus intereses y actuar conforme a su modo de pensar. Hay también «bienes comunes». Taylor sostiene que perseguimos cosas que consideramos buenas para todos. Es original en el modo de concebir la vida en sociedad y es original en el modo de comprender la «era secular». La secularización no supone ni una liberación ni una derrota: es una nueva forma de buscar el significado de la vida. Las experiencias personales del canadiense lo mantienen en movimiento, no se puede hacer de él una foto fija y ese es uno de los motivos por los que resulta tan atractivo.

Rowan Williams persigue la belleza y lo hace a través de las palabras. Es un gran escritor. Arzobispo de Canterbury, primado de la Iglesia de Inglaterra y líder de la Comunión anglicana entre 2002 y 2012, posee una basta cultura. Pero, sobre todo, se concibe como un poeta que busca llegar a los límites de la expresión humana, de la comunicación de la fe. Tampoco es fácil de clasificar. No procede del área evangélica, la más fuerte en el mundo anglicano. Su familia era luterana, pero quiso ser educado en la tradición anglocatólica (la más cercana a Roma). Ha dedicado mucho tiempo al estudio de la tradición ortodoxa rusa.

A Julián Carrón, también multifacético, lo que más lo distingue es su condición de educador. Fue miembro de la conocida «escuela de Madrid», formada por un joven grupo de escrituritas que estudiaron el sustrato arameo del texto griego de los evangelios. Sus investigaciones sitúan la primera redacción en años cercanos a la muerte y resurrección de Cristo. Durante décadas ha tenido un contacto intenso con varias generaciones de jóvenes. Habitualmente los desafía, recurre a las canciones que suelen escuchar, los interroga sobre sus últimas vivencias con un método educativo que no se limita a transmitir conocimientos, que quiere enseñar a usar la razón con la apertura insaciable que le es propia. Ha insistido en que se ponga a prueba el cristianismo para comprobar si genera una existencia más plena, lo ha hecho confiando en la capacidad que cualquier persona tiene de identificar en su propia experiencia lo que le conviene. Ha estado siempre urgido por la necesidad de vivir una experiencia cristiana que no censure, sino que exalte todas las dimensiones de lo humano, que sea respuesta a sus deseos y aspiraciones humanas. Por eso le fascinó el carisma del fundador de Comunión y Liberación, Luigi Giussani. Fue presidente de la fraternidad de Comunión y Liberación desde la muerte de su fundador en 2005 hasta 2021.

UNA GRAN OPORTUNIDAD

No son ni la producción intelectual ni la gran cultura ni siquiera las responsabilidades de magisterio y de gobierno de Taylor, Carrón y Williams las que hacen recomendable la lectura de estas breves páginas. Este libro es sugerente y provocativo porque los tres consideran el momento en el que vivimos, la crisis antropológica en la que estamos inmersos, el desfondamiento de los valores ilustrados, el final de la cristiandad, en definitiva, la «era secular» como una gran oportunidad. Rowan Williams llega a hablar de estas circunstancias como una «vocación». Y eso es especialmente original en una España en la que, a menudo, la izquierda y la derecha, los creyentes y los agnósticos, están instalados en una especie de lamento por los «tiempos oscuros» en los que nos encontramos. El discurso de la decadencia tiene muchos acentos, se habla del «declive de Occidente», también del amenazador avance de la autocracia o del retroceso de derechos y libertades conquistados por las fuerzas del progreso.

Entre los cristianos la queja tiene a menudo la forma de lo que Mark Lilla[1] ha llamado «el relato del mundo que hemos perdido». Podríamos llamarlo el relato del «camino que no tomamos». «Los que narran este tipo de historias nos cuentan que, en cierto momento de la época medieval o a comienzos de la Edad Moderna, Occidente dio un giro erróneo decisivo y se situó en el camino hacia nuestra modernidad, con todos los problemas que ello conlleva [...] en el curso de los últimos treinta años ha vuelto a ponerse de moda entre una nueva generación de antimodernos católicos (y algunos anglicanos) de izquierda y de derecha». El mundo perdido es una modernidad que dio al traste con la gran síntesis de la cristiandad medieval, el mundo perdido es consecuencia del triunfo del proyecto ilustrado que destruyó el trabajo de siglos, que acabó con la trascendencia, que dio paso al racionalismo y al sentimentalismo relativista de corte liberal. El mundo perdido es el mundo en el que no había nuevos derechos, en el que la legislación no apoyaba y promovía ideologías contrarias a la naturaleza, en el que la cultura tenía sólidos fundamentos.

Lilla, en sintonía con los tres protagonistas de este libro, concluye: «Pero ¿de qué sirve imaginar que la cristiandad medieval fracasó, la reforma fracasó, la Europa confesionalizada fracasó y la modernidad occidental está fracasando, como si las civilizaciones atravesaran periodos discretos definidos por un solo proyecto? La vida no funciona así; la historia no funciona así [...]. La lección de san Agustín sigue siendo tan oportuna ahora como hace mil quinientos años: estamos destinados a construir nuestro camino conforme avanzamos. Y el resto está en manos de Dios».[2]

---

1   Mark Lilla, *La mente naufragada*, Debate, Barcelona, 2017, p. 91 y siguientes.
2   *Ibid.*

El síndrome del «mundo perdido» también se produce entre los ilustrados agnósticos. Buena prueba de ello es el debate al que hemos asistido en España entre las feministas de siempre y las feministas de última generación. Las primeras lamentan la disolución de las evidencias universales. Wendy Brown, que no es precisamente una conservadora, apunta que la desaparición de los valores ilustrados y la derrota de la modernidad provoca «un evidente pánico» en el feminismo, «sin muletas como el progreso, las esencias, Dios, las teleologías, las leyes férreas del desarrollo o de cualesquiera otras razones surgidas de la historia». «Resultamos estar tan fabricados, tan vacíos de un ser propio nuestro, que no existimos»,[3] y si no existimos, si no hay yo, no hay mujer por la que luchar.

El síndrome provoca reacciones muy diversas. Hay quien se refugia en la nostalgia o quien decide emprender una guerra cultural para que la historia retorne al cruce de caminos y, ahora sí, se elija el correcto. Las respuestas al «síndrome del extravío» son múltiples, pero tienen en común una gran resistencia a reconocer el presente como una circunstancia que puede ser favorable. Y este, ya digo, es el punto de partida de Taylor, Carrón y Williams. «La "descomposición" saca a la luz la irreductibilidad última de la persona y desencadena la necesidad de sentido que la caracteriza», llega a decir Carrón.

QUEBEC Y ESPAÑA EN LA MISMA ONDA

Para un lector español es interesante la visión positiva de la secularización y del fin de la cristiandad que tiene Taylor porque el Quebec católico se parece mucho a lo que se llamó la «España católica».

---

3   Wendy Brown, *Estados del agravio. Poder y libertad en la modernidad tardía*, Lengua de Trapo, Madrid, 2019.

La historia de Quebec es una historia marcada por una alianza entre la Iglesia y el Estado que se forjó para defender su carácter francófono. Canadá nace en 1867 con la proclamación de una confederación (en realidad, es una federación muy descentralizada) de cuatro provincias en la que Quebec quiere seguir siendo católica y mantener sus orígenes culturales franceses. Por eso se desarrolla una suerte de «nacionalcatolicismo» que seguía vigente, al menos en los signos externos, hasta hace muy poco. El Informe Bouchard-Taylor,[4] elaborado por nuestro autor y del que hablaremos más adelante, señalaba en 2007: «El catolicismo ha marcado profundamente la historia del Quebec. Encontramos numerosas huellas a nuestro alrededor». Y añadía: «En virtud del principio de neutralidad del Estado, las manifestaciones religiosas asociadas al funcionamiento de las instituciones públicas deberían ser abandonadas. Así, el crucifijo en la Asamblea Nacional y las oraciones al comienzo de los consejos municipales no nos parecen adecuados en un Estado laico. En uno y otro caso, las instituciones públicas quedan asociadas a una sola pertenencia religiosa, cuando deben dirigirse a todos los ciudadanos». Taylor en este libro asegura que «la generación de más edad aún guarda un gran resentimiento contra la Iglesia dominante y autoritaria que teníamos en Quebec».

La historia de Quebec es diferente a la historia de España. Pero, sin duda, las dos tienen algo en común. José Jiménez Lozano, en su libro *Meditación española sobre la libertad religiosa*,[5] un pequeño ensayo concebido al hilo de la aprobación de la declaración *Dignitatis Humanae* (Concilio Vaticano II), detalla cómo el catolicismo español construyó una teología

---

4   https://www.northwestern.edu/magazine/fall2008/feature/taylor_sidebar/bouchard-taylor.html.

5   José Jiménez Lozano, *Meditación española sobre la liberta religiosa*, Encuentro, Madrid, 2021, p. 37 y siguientes.

política en la Edad Moderna. Señala que en España, durante mucho tiempo, casi todo se ha dado por supuesto, el catolicismo se ha convertido en un hecho sociológico, de casta: «La simple exhibición del nombre católico [...] sirve para tranquilizar la conciencia y erigirse por encima de los demás». Eso viene acompañado de opciones políticas muy precisas. Y así «del invento específicamente cristiano de diferenciar Iglesia y Estado», «se cae en la tentación de la teocracia y el cesarismo», con mayor virulencia a comienzos del siglo XVI, «en la España de los Reyes Católicos y luego de los Austrias y de los Borbones», que en la Edad Media. Después de un siglo XVIII en «desesperada lucha contra las ideas modernas de la Revolución francesa y del enciclopedismo», se llega al «singular destino más bien trágico del siglo XIX».

Jiménez Lozano señala que, en ese contexto, «el catolicismo patrio no puede concebir un Estado inhibido en las cuestiones religiosas, esto es, un Estado laico que no sea el brazo secular de la Iglesia, y, por supuesto, no puede concebir a un español que no sea católico, de nombre y profesión al menos; le sigue pareciendo una traición política, un crimen de lesa patria. Porque de hecho lo ha sido mil veces. No podía dejar de serlo si la patria se identificaba con una creencia no compartida y hasta impuesta con la espada». La fe aparece así «como algo estático y no vital, decidido de una vez para siempre, incluso en su formulación, sobre la que no cabe volver».

CRISTIANDAD DESAPARECIDA

Muchos de los compañeros de Taylor abandonan el cristianismo en los años cincuenta y sesenta, y él se sorprende en estas páginas de no haber seguido el mismo camino. ¿Por qué no se fue? ¿Qué motivos hay para seguir siendo cristiano en un país en el que serlo se dio por supuesto durante mucho tiempo? No quiero adelantar la respuesta que dan los tres protagonistas de este libro. Lo llamativo es que los tres consideran que la desaparición de la cristiandad no supone una objeción, más bien es una ocasión privilegiada para recuperar lo genuino de la fe. Con independencia de que se hubiera nacido en el Quebec del siglo xix o en la Castilla del siglo xviii, de que hubiese o no alianza entre el trono y el altar, lo cierto es que las gentes de buena parte del mundo vivían en sociedades en las que la política, los sistemas de pensamiento y las referencias éticas y estéticas habían nacido del cristianismo. «No cabe duda de que esa cultura tenía muchos aspectos positivos, pero hay que darse cuenta de que nuestra época es diferente», señala Taylor.

La profecía que hacía Jiménez Lozano en los años sesenta se ha cumplido: «Las últimas cristiandades van a desaparecer, más pronto o más tarde, de modo que, sin renunciar a sus beneficios, no podemos dormirnos en la confianza de que la cristiandad, el catolicismo institucionalizado, aquí o allá, va a conservar o facilitar la fe de las masas». Ya entonces el escritor español hacía un llamamiento a superar la «mentalidad de cristiandad», una mentalidad a la defensiva que todavía pervive. «Nuestro problema es que somos cristiandad en una época en la que todas las cristiandades han muerto y hasta quizás es providencial que hayan muerto», señalaba. Para añadir: «El ser cristiandad es nuestro orgullo [...] por eso también nuestra psicología católica sigue siendo de perpetua defensa».[6]

Este libro parte de un dato: estamos en la «era secular». Así se titula la obra[7] más conocida de Taylor. ¿A qué se refiere el canadiense con esta expresión? La respuesta que da también es muy útil para entender lo que ha ocurrido y ocurre en España. Taylor le da tres sentidos a la palabra «secularización»: desaparición de la referencia a Dios en los espacios públicos, declive de

---

6   Charles Taylor, *La era secular* (II tomos), Gedisa, Barcelona, 2014.
7   *Ibid.*

la creencia y la práctica religiosa, consideración de la fe como una de las opciones posibles y no la más fácil de adoptar.

El canadiense intervino en un interesante debate sobre la primera cuestión, sobre qué significa la desaparición de la referencia a Dios en los espacios públicos, qué significa laicidad o aconfesionalidad del Estado. Nuestra Constitución de 1978 en su artículo 16.3 establece que «ninguna confesión tendrá carácter estatal», pero también determina que «los poderes públicos tendrán en cuenta las creencias religiosas de la sociedad española y mantendrán las consiguientes relaciones de cooperación con la Iglesia católica y las demás confesiones». Según Javier Martínez Torrón,[8] esto significa que «no se adopta un modelo separatista, sino que, al contrario, se consideran la religión y las creencias como un factor social positivo [...] según ha hecho notar el Tribunal Constitucional, el principio de cooperación introduce una idea de "laicidad positiva que veda cualquier tipo de confusión entre fines religiosos y estatales"». La interpretación que hace el profesor Martínez Torrón no es ni mucho menos pacífica y en España asistimos cada poco tiempo a debates sobre qué significa la laicidad del Estado.

Es la misma cuestión con la que se enfrentó Taylor. A mediados de los años ochenta, en Canadá, una empleada de unos grandes almacenes solicitó que se le eximiera del turno del sábado porque ese día los adventistas tienen prohibido trabajar. Sus empleadores se negaron, el asunto llegó a los tribunales y el Supremo le dio la razón a la trabajadora. A esa doctrina se la llamó la doctrina de los «los acomodos razonables»: la ley general debía adaptarse a los casos particulares para no vulnerar la libertad religiosa. En 2006, algunas minorías recurrieron a ese principio para reclamar que se permitiera la expresión religiosa en la vida pública. Con la historia que había tenido Quebec,

---

8   Santiago Muñoz Machado (ed.), *Comentario mínimo a la Constitución española*, Crítica, Barcelona, 2018.

había una lógica resistencia a permitir una laicidad que no fuera una laicidad a la francesa, con la que lo religioso está relegado al ámbito de lo privado. Se le encargó entonces a Taylor que, junto al sociólogo Gérard Bouchard, redactaran un informe sobre la cuestión.

El informe se hizo público en 2007 y desde entonces es una de las grandes referencias cuando hay que resolver un problema de laicidad en sociedades como las nuestras, donde la diversidad cultural es creciente. El texto es riquísimo y difícil de sintetizar. Taylor distingue en él dos modelos de laicidad: una laicidad rígida y una laicidad abierta. La laicidad rígida, que exige la privatización del fenómeno religioso, no respeta el principio de neutralidad porque considera a la religión como algo negativo. José Jiménez Lozano cuenta un incidente que refleja bien qué ha significado esta laicidad rígida. A las pocas horas de proclamarse la II República en España, un alcalde de un pequeño pueblo llamó al ministro de la Gobernación (del Interior) para preguntarle qué se hacía con el cura del pueblo. Una verdadera neutralidad del Estado en materia religiosa, sostiene Taylor, reclama respeto a la expresión de una religiosidad que forma parte de la identidad de las personas. La neutralidad se exige a las instituciones, pero no a los ciudadanos.

Pero el concepto de «era secular» de Taylor va mucho más allá de la cuestión de cómo tratar el problema de la expresión religiosa en un Estado laico.

El canadiense ofrece una interpretación novedosa de qué significa el abandono de la práctica religiosa tradicional en las sociedades modernas. En España, durante mucho tiempo, la secularización se ha considerado como una consecuencia necesaria del progreso. Se asumía la teoría clásica para la que la creencia era incompatible con la modernidad. La increencia ha sido para algunos una forma de creencia militante. También a este fenómeno se refiere Jiménez Lozano cuando dice que hubo un tiempo «en el que para ser cristiano había que renunciar a la libertad y al mundo moderno y en el que el mundo moderno rechazaba la Iglesia y a la fe de Cristo como sus mayores enemigas». En un texto sobre Américo Castro señalaba que no tenía sentido que «el juego clericalismo-anticlericalismo» marcara ya, como había marcado durante siglos, la vida española porque «en el mundo había perdido sentido tal dicotomía». Y es que durante mucho tiempo en España no ha habido «sentimiento laico o civil alguno, todo es religión y antirreligión».[9]

Cuando se empieza a leer a Taylor en España, sorprende su enfoque novedoso y más útil que el tradicional para entender la realidad de la sociedad del siglo XXI. Ruiz Andrés señala: «Se presenta como contrapunto a los excesos de la "teoría clásica de la secularización"». Esa teoría, la teoría clásica, establecía que, obligatoriamente, la marcha de la historia suponía determinados cambios. «El pasado quedaba convertido en "edad de oro de la fe" a fin de favorecer su encaje sin matización en el binomio "mayor modernización, menor religiosidad" [...]. Frente al historicismo, la tercera definición de secularidad de Charles Taylor planteada como el desarrollo de "un nuevo contexto en el que debe encuadrarse toda búsqueda y todo cuestionamiento sobre lo moral y lo espiritual", [...] [es] un marco particularmente apropiado para el abordaje de la secularización desde la perspectiva sociohistórica».[10]

La profesora Gerolin asegura que el pensamiento de Taylor representa una «"tercera vía" respecto a la polarización a la que hoy somos cada vez más adictos [...] Para el filósofo canadiense, ambas perspectivas, tanto la que celebra el advenimiento de la secularización como una experiencia de liberación de la

---

9 *Ibid.*
10 R. Ruiz Andrés, «Sociología histórica y secularización: actualidad y renovación del estudio del pasado para el análisis de las transformaciones sociorreligiosas contemporáneas», *Revista Española de Investigaciones Sociológicas,* 183: 133-144 (doi: 10.5477/cis/reis.183.133), 2023.

autoridad eclesial y de las creencias consideradas oscuras como la que la evalúa como una pérdida irreparable de la verdad y de los valores fundamentales, son las dos caras de una misma moneda. Tanto los "nostálgicos" del pasado como los que aceptan el fenómeno de la secularización como una liberación de condicionamientos considerados inaceptables son incapaces de reconocer que no consiste en la "pérdida" de ciertas creencias. La secularización es una nueva y original forma de autocomprensión del ser humano [...] Por lo tanto, es evidente, utilizando sus propias palabras, que "el camino correcto a seguir no es ni el que recomiendan los que elogian la secularización a toda costa, ni el que favorecen los detractores a ultranza"».[11] No se trata pues de exaltar la secularización como «una solución» que remedia todos los problemas. «Taylor no silencia las importantes consecuencias negativas de la secularización ni los muchos peligros que impregnan el mundo contemporáneo, identificados principalmente con el individualismo, el eclipse de los fines y la pérdida de libertad política. El filósofo canadiense no pretende en modo alguno avalar ningún resultado de la cultura moderna secularizada. Reconoce que hay "mucho de admirable" en ella, así como "mucho de degradado"».[12]

La secularización no supone la desaparición de la religiosidad, sino un nuevo contexto en el que algunos creyentes y algunos no creyentes se convierten en «buscadores de sentido». «Un "buscador de sentido" es cualquier hombre que no cambia la búsqueda de sentido en su vida por ningún bien material ni por una certeza que no se adquiera a través de la experiencia, a través de un camino libre, a través de una evaluación realizada personalmente. Se trata, por tanto, de una búsqueda que implica tanto a creyentes como a no creyentes. No es una indagación solo intelectual. Más bien, adopta el carácter de un "viaje"

---

11   https://paginasdigital.es/taylor-o-la-secularizacion-como-oportunidad/.
12   *Ibid.*

integralmente humano, a menudo atravesado por la duda y la incertidumbre, hacia un "más allá" capaz de dar dirección, sentido y gusto a la vida. Los "buscadores de sentido" son los que tienen la paciencia de "quedarse" en la pregunta sin la prisa de llegar a una "respuesta" en el sentido ilustrado del término (una formulación doctrinal que no proceda de las entrañas del sujeto encarnado)».[13]

ESPAÑA EN LA ERA SECULAR

Hay evidencias de que España en este momento se encuentra en lo que Taylor denomina «era secular». No hay una cristiandad en pie y, aunque todavía queden rémoras «del juego clericalismo-anticlericalismo», estamos en otro escenario. En un reciente estudio de la Fundación BBVA sobre creencias y prácticas alternativas[14] se aseguraba que «aunque algo más de la mitad de los españoles dice pertenecer a una religión (el 53 %) y, dentro de ese grupo, el 86 % declara pertenecer a la religión católica, el nivel de religiosidad de la población española es muy bajo». Entendemos que el estudio se refiere a las formas de religiosidad tradicional. Pero este fenómeno convive con las «nuevas formas de religiosidad» que estallan en todas las esquinas.

Hace casi diez años, en la última página del diario *El País*, que no es precisamente una publicación confesional, una periodista como Leila Guerriero, conocida por su anticlericalismo, daba buena prueba de ese nuevo clima en el que la búsqueda de sentido aflora como una realidad concreta, existencial, descrita a partir de experiencias vitales. Escribía: «¿Les pasa que, a veces, aunque todo esté bien, y el gato esté bien, y los

---

13 *Ibid.*
14 https://www.fbbva.es/noticias/estudio-opinion-publica-creencias-practicas-alternativas/.

padres estén bien, y los hermanos estén bien, y los primos y los tíos estén bien, y los hijos estén bien, y el trabajo esté bien, y los árboles del patio estén bien, y el jardín esté bien, y las macetas estén bien, y la comida esté bien y las ganas de cocinar estén bien, y los libros estén bien, y los poemas estén bien, y el sol que entra por las ventanas esté bien, y las plantas del balcón estén bien, y los pisos estén bien, y los amigos estén bien, y los bares estén bien, y el vino esté bien... [...] No les pasa que a veces descubren que tienen el corazón como un pedazo de carne atravesado por un anzuelo?».[15]

Todo está bien y nada basta. Un artículo como este no es una excepción. También en *El País*, a finales de 2024, José Luis Sastre en su columna escribía: «Me han maravillado siempre las preguntas inabordables. Por muchas respuestas que me den, me preguntaré toda la vida qué tiene el mar y por qué nos fascina y por qué lo busco nada más llegar a un sitio de costa. Me preguntaré por qué razón exacta nos abruma la naturaleza y, por supuesto, de dónde viene el poder de la música».[16]

En la misma dirección, Lorena G. Maldonado en *El Español*: «Esta semana, antes de huir a California, fui a los cines Paz a ver *La peor persona del mundo* de Joachim Trier y la película me devolvió la mirada [...] La protagonista acaba de cumplir treinta años y experimenta una sensación que no es familiar. La de estar buscando algo que siempre está un poco más allá, algo móvil y fantasmagórico, algo innombrable e indecible que cambia de forma según caminamos, algo que se parece a la fe (a una fe agnóstica, confusa) y que nunca se resuelve bajo un hecho concreto (como tomar café con un dios). [...] Lo resume muy bien el afable novio de la chica: "Siempre parece que estás esperando algo, pero ¿qué es?". ¡Qué listo! Como si esa pregunta no llevase

---

15 «¿Les pasa?», *El País*, 20-07-2016.
16 «Una tarde, una canción», *El País*, 18-12-24.

toda la vida».[17] Otro ejemplo, Nuria Escur en *La Vanguardia*: «El humano, contemplativo por naturaleza, fue diseñado para mirar lejos, soñar si puede y aprender de ello. No para sentir la culpa, el peso del error, el equívoco, la pauta que falta, el cuestionario mal rellenado, la cita que llega tarde, la gestión a medio hacer, la multa impagada, la espera del teléfono, el tren con retraso».[18]

La prensa, los libros de poesía, los ensayos, las memorias, las películas, las series de televisión están plagados en los últimos años de emboscadas tendidas por «buscadores de sentido». Digo emboscadas porque era normal que en un libro de teología, en la sección de religión de algún periódico o en una homilía, se hablase del deseo de verdad, del corazón inquieto, de la insuficiencia de lo aparente, pero ahora en cualquier sitio, casi sin venir a cuento, aparecen «estos asuntos». Es el deseo del que habla Williams cuando sostiene en estas páginas: «El deseo es ineludible, casi diría que es eterno. Esta experiencia de la carencia está muy presente en el Evangelio y, en general, en las tradiciones espirituales: la satisfacción del deseo no consiste en el ansia desesperada de que nos rasquen por un picor o nos resuelvan un problema, sino en la esperanza generada, de algún modo, por la propia carencia». Sorprende la sintonía con Karmelo C. Iribarren en un reciente poema:[19]

Hay días
en los que levantarse de la cama
suele terminar siendo
más que un acto rutinario
un gesto épico.

---

17   «Tienes 30 años y estás esperando algo, pero no sabes qué». https://
     www.elespanol.com/opinion/columnas/20220319/anos-esperando-no-
     sabes/658314183_13.html.
18   «Maneras de sobrevivir», *La Vanguardia*, 6-12-202.
19   *Mientras me alejo*, Visor, Madrid, 2017.

Y no me refiero ahora a las resacas
ni a que caigan
chuzos de punta ahí fuera
ni a que hayas roto con ella.
Me refiero
a cuando te quieren y hace sol
y no te duele nada,
a cuando tienes el mundo
rendido a tus pies
y no te basta.

En la misma dirección se manifiesta J. A. González Sainz en *La vida pequeña*[20] cuando confiesa: «Te parece que no vas a poder levantarte, o que ni siquiera merece ya la pena levantarse; lo único que quisieras es dormir y dormir y despertarte en otro mundo». Pero hay algo en nosotros que no se rinde, casi sin querer, «desde un cansancio profundo y existencial» no puedes dejar de «oír voces lejanas entre los ruidos [...] signos en la niebla que daría lo que fuera por saber interpretar correctamente». «Miras, miras dolorido y con ahogo a ver de qué mano podrías ahora cogerte». El escritor, recordando a Camus, señala que vivimos «con la sospecha de que existe otra cosa». Con la sospecha de que «además de ganarse uno la vida como pueda, de tratar de divertirse de los modos que a uno le divierten, existe también otra cosa y esa otra cosa [...] puede tener el poder de transformarlo todo, de hacerlo bueno o verdadero o embellecerlo todo, los hábitos, la vejez, el trabajo, el dolor y el amor y la alegría».

---

20 Anagrama, Barcelona, 2021.

Son solo algunos botones de muestra.[21] Taylor, Carrón y Williams están convencidos de que, en esta situación, solo a través de la libertad puede ser descubierto o redescubierto el cristianismo como «una forma de hedonismo». Es la expresión que utiliza el arzobispo anglicano.

¿Qué puede hacer que el cristianismo vuelva a ser interesante como lo era en los primeros siglos? No desde luego una actitud de repliegue, una posición reactiva que ofrezca islas bien protegidas de los retos del mundo. En una de sus últimas visitas a España, a Julián Carrón le preguntaban por qué había titulado su último libro *No hemos visto nada igual*[22] (la expresión de sorpresa de los discípulos ante Jesús). «Esta [explicaba el sacerdote español] es la forma más sencilla de comunicar a otros qué ha significado el cristianismo para aquellos que lo han visto nacer. Me gusta esta frase porque describe cuál era la reacción que tenían las personas normales, no los fariseos o los del entorno religioso, delante del acontecimiento que sucedía estando con Jesús. Estaban tan sorprendidos que no podían menos que decir que no habían visto una cosa igual en la vida, por el tipo de humanidad, por la mirada sobre las personas, por la libertad que tenía respecto a todos […]. Lo que sucedió entonces puede volver a suceder «si el cristianismo no son únicamente palabras que llenan folios, sino el encuentro con un acontecimiento, con una persona que, viviendo en la realidad, en el barrio, en la cocina, en la política, es distinta y otros se interesan por lo que vive».[23]

---

21 Un profesor, Alfonso Calavia, lleva recogiendo desde hace años muchas de esta expresiones de una edad secular fecunda en declaraciones explícitas de una nueva religiosidad. Merece la pena visitar su cuenta de Instagram @alfoncalavia, actualizada casi a diario, para hacerse una idea de la magnitud del fenómeno.

22 BAC, Madrid, 2024.

23 https://alfayomega.es/julian-carron-si-las-personas-no-crecemos-perdemos-la-vida-viviendo/.

Introducción
por Alessandra Gerolin

En plena pandemia del covid-19 tuvo lugar un diálogo poco habitual: Julián Carrón, Charles Taylor y Rowan Williams desarrollaron una reflexión iniciada unos meses antes sobre algunos de los grandes retos de nuestro tiempo que afectan a la vida cotidiana. El debate, por la emergencia sanitaria mundial, se realizó «a distancia», a través de una serie de conversaciones en plataformas *online* con los editores del que sería el documental *Vivir sin miedo en la era de la incertidumbre*,[24] presentado en el Meeting de Rímini en 2021. Este libro-entrevista ofrece materiales complementarios a partir de las más de ocho horas de grabaciones de los encuentros entre los tres entrevistados, cuya estima mutua es fruto de una amistad forjada a lo largo de los años.

El centro del diálogo es expresión de la frase del papa Francisco «habitar nuestro tiempo»,[25] razón por la que se eligió como título del volumen. «Habitar» no significa simplemente «quedarse» y «morar», sino que implica una autoconciencia de lo

---

24 *Vivir sin miedo en la era de la incertidumbre*, dirigido por G. Ceci Sodi. Editado por S. Busetto, P. De Simone, A. Gerolin, K. Pinto Gfroerer, A. Riches, A. Rovati. Con la colaboración de M. Bernardini. Exposición realizada con motivo del evento «Encuentro por la Amistad entre los Pueblos» (2021).

25 Francisco, *Audiencia general*, 8 de noviembre de 2023.

que contienen estos verbos, es un «hacerse cargo de», significa tener una capacidad de relación que caracteriza —como afirma Martin Heidegger— el modo en que el hombre está en el mundo. «Habitar», en este sentido, es «el estar de los mortales en la tierra»,[26] modo ajeno tanto a los animales como a los dioses.

La experiencia de habitar no apela a la utopía de la perfección, sino a la condición real del vivir y el convivir humanos, que está llena de vulnerabilidad, heridas y límites. Lo que distingue el habitar del mero estar es, por tanto, un horizonte de significado, porque el habitar indica el lugar donde reside un yo, un sujeto que no se conforma con un simple acuerdo contractual o utilitario, sino que está en constante búsqueda de un sentido capaz de generar un encuentro con el otro en un proyecto común.

En la raíz del «habitar» hay un «corazón en continua salida»,[27] es decir, un corazón que desea encontrarse con el otro y no tiene miedo de hacerlo: esto sucede no porque todo encuentro sea pacífico, sino porque es un momento de verificación de un sentido del vivir adecuado, es una oportunidad para evaluar y eventualmente corregir el camino recorrido. Por consiguiente, también el encuentro incómodo, molesto o incluso desagradable puede ser una ocasión para la propia maduración, para el crecimiento del propio yo.

Por último, «habitar» implica cuatro dimensiones: un sujeto humano, un lugar, un tiempo, unas relaciones que —como se desprende de este volumen— se mueven tanto en sentido horizontal como vertical. En este sentido, el horizonte de la fe religiosa no se configura como un «más allá incorpóreo», sino como un «aquí y ahora», una posibilidad de vivir profundamente cada momento de la vida, con todos sus aspectos no resueltos.

---

26 M. Heidegger, *Construir, habitar, pensar*, trad. Jesús Adrián Escudero. Oficina de Arte y Ediciones, Barcelona, 2015, 88 pp.
27 Francisco, *Audiencia general*, cit.

Esta es, de hecho, la condición de la temporalidad con respecto a la eternidad: la de ser un camino, un viaje. A menudo, son la fatiga, la lentitud y lo errático que todo camino plenamente humano implica las que nos atraen hacia una perspectiva utópica: un «no-lugar» (no importa si idealmente situado en el pasado, el presente o el futuro) en el que nuestra humanidad sería diferente, en el que el contexto social y cultural sería más adecuado a los valores (de cualquier tipo) considerados inalienables. Así es muy fácil confundir el valor del ideal a perseguir con un proyecto a realizar según nuestra imaginación. Este proyecto a menudo se desvía de la realidad históricamente vivida, que, por lo tanto, acaba constituyendo un peligro o incluso un «enemigo» que hay que evitar o «combatir». Por desgracia, el trágico epílogo de esta perspectiva es conocido: la perspectiva utópica se transforma pronto en una actitud cínica, como consecuencia inevitable de haber fijado un paradigma de «pureza» humanamente impracticable.

En cambio, la esperanza que domina en los diálogos aquí presentados surge de una perspectiva distinta y, ante todo, del reconocimiento de la limitación y el error como esa grieta por la que entra la luz, por utilizar la imagen de Leonard Cohen.[28] No es algo que haya que evitar, sino que hay que atravesar para descubrir y redescubrir el sentido (saber) y el gusto (sabor) de vivir. La esperanza que transmiten los tres autores no es ni una panacea para los males que nos rodean, ni un ingrediente «barato» para superar los obstáculos que la vida nos pone delante.

Es en este nivel donde se encuentra el segundo elemento de la feliz expresión del papa Francisco: «nuestro tiempo». Carrón, Taylor y Williams discuten y reflexionan ampliamente sobre la secularización como elemento distintivo de nuestro tiempo en relación con las cuestiones de sentido que animan la existencia

---

28   Cf. L. Cohen, *Anthem*.

humana. Aunque no elaboran una verdadera hermenéutica de la secularización, Taylor y Carrón la juzgan como una oportunidad (por un lado para descubrir más nuestra identidad de mujeres y hombres, y por otro para redescubrir la originalidad de la fe), mientras que Williams la presenta incluso como una verdadera «vocación». Ninguno de los tres se refieren a ella como una consecuencia inevitable e irreversible de ciertos cambios históricos y culturales. Más bien, la secularización refleja una relación ineludible con una serie de bienes que se consideran inalienables (entre ellos la libertad, la autonomía, la igualdad y la autenticidad). Por mucho que la interpretación de estos bienes pueda ser a veces criticable, lo que estamos presenciando en nuestra época es, una vez más, cómo emerge una relación inseparable entre la identidad antropológica y un bien, una plenitud, que pueda satisfacer la existencia humana.

Si, por una parte, la secularización tiene como causas concomitantes una primacía de la dimensión ético-reguladora de la fe sobre la dimensión cognoscitiva, escatológica y salvífica, por otra, no puede interpretarse como un vacío de sentido o como una simple «deriva» en el plano moral. De forma aparentemente paradójica, en el abismo de la secularización, a menudo acompañada de una importante desorientación ética (que a su vez es responsable de numerosas consecuencias negativas en el plano existencial), estamos asistiendo al surgimiento de una dimensión antropológica irreductible. Se trata de la naturaleza definida por el deseo del sujeto humano. El hombre actúa, se mueve, se alegra y sufre en la medida en que está animado por un deseo de felicidad, de alegría llena de significado. Este nivel de lo humano es algo en última instancia indestructible, aunque puede ser manipulado por la cultura dominante.

Llegados a este punto, hay que hacer una distinción: por mucho que las circunstancias (en cualquier momento) desestabilicen, pongan a prueba o lesionen gravemente al ser humano, no pueden alterar ni la ontología (la naturaleza definida por el deseo), ni la capacidad de reconocer lo que permite interceptar y colmar este deseo. Para Carrón, Taylor y Williams (en las conspicuas diferencias que caracterizan sus trayectorias humanas e intelectuales), la nuestra es una época rica en búsqueda de sentido y en amistades (hasta hace unas décadas habitualmente insólitas o incluso impensables) entre personas pertenecientes a distintas identidades culturales y religiosas.

El camino recorrido en estas páginas pasa por múltiples dimensiones de la vida humana: desde la afectividad hasta el tema de la convivencia política, el valor de la libertad y el sentido de la esperanza. Todo ello dentro de un diálogo que nunca adquiere el carácter de debate «especializado», sino que se ve continuamente cuestionado por los hechos de la actualidad, así como por el arte, la poesía y la literatura. Estas dimensiones «creativas», de hecho, tienen el poder de despertar al ser humano, haciéndole más consciente de su propia identidad.

Así pues, el «miedo» al que se refiere el subtítulo del volumen no debe interpretarse desde una perspectiva emocional (inevitable en nuestra vida cotidiana), sino como desconcierto ante la falta de sentido que supone «el» dolor dentro del dolor y la fatiga, haciéndolos inaceptables por ser totalmente contrarios a la plenitud hacia la que tiende el hombre. En el discurso desarrollado por los tres autores, sin embargo, se encuentra la posibilidad de vivir incluso la experiencia del sufrimiento con esperanza: no se trata de optimismo hacia un mañana más luminoso, de una visión ciega o «reparadora» del mal, sino de la posibilidad de seguir deseando incluso bajo circunstancias dramáticas, y de la promesa de plenitud que ese deseo mismo representa.

De ahí que la perspectiva general del diálogo parezca recoger la invitación del protagonista de *La carretera*, novela de Cormac McCarthy. Un padre, que lucha por la supervivencia en un mundo dominado por la devastación, la soledad y la violencia, le dice a su hijo: «Cuando sueñes con un mundo que nunca existió o con un mundo que nunca existirá en el que vuelvas a ser feliz, significará que te has rendido [...] y no puedes rendirte. No te lo permitiré».[29]

«Vivir sin miedo en la era de la incertidumbre» significa poder experimentar una esperanza sin «comodines», una esperanza «tangible» incluso en el abismo del miedo, no como resultado de un esfuerzo ético, sino como promesa de fe en el hoy —de la que el deseo es tanto un signo como una «prenda»— que corresponde a cada cual verificar.

---

29 C. McCarthy, *La carretera*, Mondadori, Barcelona 2007, p. 141.

Habitar nuestro tiempo

Vivir sin miedo en la era
de la incertidumbre

En sus reflexiones de los últimos años, ustedes se han detenido en los retos de nuestro tiempo. Según su opinión, ¿cuáles son las principales características de esta época?

CHARLES TAYLOR: En primer lugar, creo que es importante señalar que ya no vivimos en la cristiandad. Hubo un tiempo en que, en nuestras sociedades, todos los aspectos de la vida —la política, la cultura, las artes— estaban dominados por la fe cristiana. Europa occidental y los países que comparten su orientación cultural (como, por ejemplo, Canadá) vivieron así desde la época de Constantino. No cabe duda de que esa cultura tenía muchos aspectos positivos, pero hay que darse cuenta de que nuestra época es diferente. Hemos superado la correlación automática entre ser ciudadano de Gran Bretaña y pertenecer a la Iglesia anglicana o entre ser ciudadano de Ginebra y pertenecer a la Iglesia calvinista. Ahora estamos en una era de auténtica búsqueda espiritual, a la que yo llamo «era secular». A diferencia de lo que ocurría en la cristiandad, todo el mundo tiene libertad para emprender una búsqueda espiritual profunda. Creo que esta nueva situación nos empujará a los cristianos a ir un paso más allá de los logros, admirables, de la «era cristiana».

ROWAN WILLIAMS: En este momento la gente está en una búsqueda constante, impulsada por la pregunta de cómo puede adaptarse y reconciliarse con la vida y con la realidad. ¿Cómo se puede vivir en la verdad? Esta es la pregunta más apremiante. Y precisamente a partir de ella comienza el diálogo. ¿Cómo podemos vivir en armonía con la realidad que nos rodea y, en última instancia, con Dios?

¿Cómo podemos vivir con autenticidad, reconociendo quiénes somos y qué nos distingue como seres humanos? ¿Cómo podemos crear relaciones sinceras y transparentes para que no nos paralice el miedo de los unos hacia los otros?

JULIÁN CARRÓN: Vivimos en una época en la que han desaparecido muchas certezas. Por eso el desafío que tenemos que afrontar es entender cómo movernos en un contexto en el que faltan evidencias. No es que la gente sea necesariamente mala o tenga prejuicios; se trata más bien de que los juicios de valor, que antes podían darse por sentados dentro de una sociedad o una cultura determinada, ya no existen. Ha fracasado el intento de la Ilustración por afirmar valores humanos fundamentales sin referencia alguna a la historia y a la cultura cristianas de las que surgieron (es decir, el intento de afirmar razones universales y neutrales en las que basar nuestra existencia). El significado de la verdad y la justicia no es evidente, hoy es necesario un viaje para redescubrir la verdad de uno mismo en relación con los demás y con la realidad. Lo que cabe preguntarse es lo siguiente: ¿Qué tipo de experiencia necesitamos para redescubrir nuestra verdadera naturaleza? ¿Cómo podemos salir de la confusión y el miedo que a menudo nos dominan?

TAYLOR: La nuestra es una época sin precedentes. Nuestra forma de pensar es la opuesta a la de hace un siglo. Entonces, la Iglesia creía que bastaba con estudiar y tener pruebas de la existencia de Dios, y luego preocuparse de las cosas que había que hacer para ser un buen cristiano. Hoy esta forma de pensar es para muchos irreal: ¡ni siquiera estamos seguros de lo que queremos decir cuando decimos «Dios»! Sabemos que es «algo», pero no tenemos claro qué es. Nos sentimos profundamente atraídos por la idea de un amor que nos alcanza y nos cambia, que pasa a través de nosotros y que podemos transmitir, pero no hay certeza sobre qué sea este amor.

No parece que les asuste esta situación sin precedentes. ¿Cómo es posible vivir sin miedo en esta época tan llena de incertidumbre?

CARRÓN: No hay por qué percibir la incertidumbre actual o cualquier otra circunstancia como enemiga. La situación que vivimos es una oportunidad. Si la percibimos como enemiga es porque, de alguna manera, creemos conocerla bien; nos hemos convencido de que no hay atisbo de esperanza, no hay nada nuevo que descubrir, ninguna posibilidad de conocimiento ni la oportunidad de embarcarnos en una aventura que no sabemos cómo acabará. Cuando nos enfrentamos a un reto que despierta miedo e inquietud, podemos hacer nuestra la invitación de Hannah Arendt de convertir cada crisis, incertidumbre y circunstancia en una oportunidad para plantearnos nuevas preguntas.[30]

Si seguimos estas preguntas se abrirán otras posibilidades (las preguntas barren muchas evidencias que a menudo creemos

---

30 «Una crisis nos obliga a volver a plantearnos preguntas y nos exige nuevas o viejas respuestas pero, en cualquier caso, juicios directos. Una crisis se convierte en un desastre sólo cuando respondemos a ella con juicios preestablecidos, es decir, con prejuicios. Tal actitud agudiza la crisis y, además, nos impide experimentar la realidad y nos quita la ocasión de reflexionar que esa realidad brinda». H. Arendt, *Entre el pasado y futuro*, Península, Barcelona 2016, p. 186.

tener bien arraigadas y nos introducen en nuevos descubrimientos) y podemos llegar a conocer algo esencial para la vida. La cuestión, por tanto, se plantea a este nivel: ¿Somos leales para dejarnos provocar por esas preguntas sin dejarnos paralizar por la incertidumbre, por el miedo? Este es el reto que caracteriza nuestro tiempo.

Creo que la crisis actual hace que, paradójicamente, nuestra humanidad emerja con mayor claridad. El contexto en el que estamos inmersos, caracterizado por una especie de «descomposición» de lo humano, saca a la luz la irreductibilidad última de la persona y desencadena la necesidad de sentido que la caracteriza. Quizá en una época más «plana» y con menos desafíos no habríamos sentido nuestra humanidad como la percibimos hoy.

WILLIAMS: Hay distintos tipos de miedo. Creo que hay un miedo ante el que reaccionamos diciendo: «Debo protegerme». Se produce cuando pensamos: «Debo protegerme del cambio necesario para transformarme en lo que debo ser». También hay otro tipo de miedo, que podría calificarse de racional o razonable, y que nos lleva a pensar: «Bueno, si alguien me dice que mi estilo de vida es tal que voy a enfermar, que voy a morir de forma prematura, entonces debo cambiar». En ese caso, puedo sentir miedo, pero tengo varias posibilidades: puedo cambiar, puedo vivir más en sintonía con el funcionamiento de mi cuerpo y de mi mundo. Creo, por tanto, que no debemos plantearnos cómo podemos vivir completamente sin miedo, porque quizá eso sea imposible. La pregunta sería más bien: ¿Cómo puedo dejar de lado el miedo que me hace entrar en pánico y me lleva a defenderme? ¿Cómo puedo hacer los cambios que convierten la vida en algo más amable, esos que puedo y debo hacer con la ayuda y la gracia de Dios? Así que mi respuesta es que nunca vivimos plenamente sin miedo. El miedo es uno de los estímulos que nos mantienen vivos, pero deberíamos centrarnos en la vida en lugar de defendernos del cambio, porque no somos sujetos «sagrados» e «inmutables». Si lo hiciéramos, quizá entenderíamos cómo utilizar el miedo de forma constructiva.

TAYLOR: Hay mucho miedo en nuestro mundo. Está el miedo que proviene de afrontar todo el daño que hemos causado a la naturaleza y que ahora nos pone en peligro. Y luego está la gente que teme a cualquiera que sea diferente. Muchos cristianos tienen miedo porque ven una sociedad que ya no es cristiana y se preguntan qué está pasando. Pero no es posible tener este tipo de miedo si, como Jesús en los Evangelios, nos encontramos con los demás y nos sentimos profundamente conmovidos por sus necesidades. Cuando esto sucede, queremos tender la mano porque estamos conmovidos y nos sentimos atraídos por algo que nunca podrá ser eliminado o erradicado del corazón humano. Diría que el miedo se supera descubriendo el corazón humano, eso crea en nosotros una simpatía por otras tradiciones.

WILLIAMS: En las circunstancias actuales, los cristianos corren el peligro de utilizar la tradición como un arma. En lugar de pertenecer a la tradición de forma inteligente y segura, hay cristianos que la convierten en una opción, en un partido que hay que defender de la misma forma que se defienden otros partidos. Y cuando esto ocurre, creo que algo va mal. Quiero expresar mi simpatía por el deseo de recuperar la tradición, pero también quiero denunciar el riesgo de hacerla tan autorreferencial que deje de vivirse.

TAYLOR: Incluso en una situación como la nuestra, caracterizada por terribles masacres, hostilidades y calamidades, puede haber conciencia de lo que estamos llamados a ser. En el último siglo hemos sido testigos de una violencia terrible, pero también ha habido nuevos profetas. Por ejemplo, hay quienes se han dado cuenta de la importancia de la no violencia, es decir, de la importancia de conseguir la independencia y luchar contra la opresión por medios pacíficos. La violencia engendra violencia y la no violencia puede acercarnos a lo que estamos llamados a ser. Por tanto, debemos mirar nuestra historia con confianza.

Lo verdaderamente terrible es el miedo que ante los desafíos nos paraliza y nos lleva a decir: «No podemos hacer nada al respecto». Lo vemos, por ejemplo, en la forma en que la gente se enfrenta al cambio climático. Muchos no terminan de comprenderlo, así que lo ignoran y, en lugar de pensar en ello, ven un partido de *hockey* o de fútbol. Pero hay otra reacción posible ante el miedo que consiste en decir: «Sabemos lo que hay que hacer. Solo tenemos que proponérnoslo». Hay un miedo que nos «empuja» y, en cierto sentido, se convierte en la motivación para dar un paso adelante en el plan de Dios. Volviendo al ejemplo del cambio climático, es obvio que, siguiendo el plan de Dios, deberíamos haber sido custodios, en lugar de destructores, de este universo. Por eso tenemos que alejar a la gente del miedo que paraliza: es posible hacerlo si consideramos que fuimos creados por Dios para convertirnos en un determinado tipo de ser. Tengo fe en la posibilidad de que la humanidad madure poco a poco y se dé cuenta de que, para transformarse en lo que está llamada a ser, hay que escuchar y entrar en contacto con quien nos ha creado. Dios nos educa constantemente y, como decía san Ireneo, es una educación que aún no ha terminado; todavía quedan muchos pasos por dar. Por eso deseo participar en las batallas de nuestro tiempo. No siento miedo, sino un compromiso renovado.

Carrón: El miedo nos asalta cuando la realidad pone al descubierto nuestra impotencia estructural y la saca a la superficie de la conciencia. Muchas veces somos presuntuosos, pensamos que podemos salir adelante con nuestras propias fuerzas. Pero cuando nos enfrentamos a una situación que va más allá de nuestra medida o capacidad, entonces el miedo domina nuestra conciencia. Lo vemos en los niños: pueden estar tranquilos, pero si se encuentran solos en una habitación oscura, enseguida se ponen a llorar y corren a buscar a su madre. Con su madre, entran en cualquier oscuridad con la certeza profunda de su compañía. Superar el miedo no depende de nuestras estrategias. Cuanto más nos aprieta la vida, desafiándonos, mejor podemos comprobar si tenemos una presencia como la de la madre para el niño. Al fin y al cabo, esa es la imagen de la victoria sobre el miedo. Solo una presencia es capaz de vencerlo. Ningún razonamiento, ningún discurso, ninguna regla, ninguna coacción puede vencer el miedo profundo que vemos en nuestras vidas. La única esperanza es encontrar presencias que puedan sostenernos, como hace la madre con el niño. Esta es la experiencia de los discípulos cuando están en la barca con Jesús durante la tormenta[31]. Les invade el miedo. Él, en cambio, duerme tranquilo y se asombra de que los discípulos aún no se hayan dado cuenta de a Quién tenían a su lado. Vivían atemorizados, como si Jesús no estuviera con ellos. Por eso, enseguida les dice: «¿Por qué tenéis miedo? ¿Aún no habéis comprendido quién soy yo?».[32]

Pero, al mismo tiempo, es innegable que entre las personas no solo hay diferencias, sino también profundas divisiones. ¿Cómo se afronta el miedo a la relación con el otro que es diferente a mí y que, a veces, me es aparentemente (o realmente) hostil?

TAYLOR: En primer lugar, tenemos que confiar en que las personas con las que discrepamos y con una perspectiva enfrentada a la nuestra son como nosotros y pueden sentirse conmovidas

---

31   Cf. Mc 4,35-41.
32   Cf. Mc 4,40.

por lo que hemos descubierto, igual que nosotros. Por eso es tremendamente importante (aunque estemos «luchando» a nivel político contra nuestros oponentes en las elecciones, por ejemplo) no perder nunca de vista que los seres humanos son muy complejos y que, en algún momento, podrían llegar a conmoverse. Si los comprendiéramos lo suficiente, sería posible llegar a ellos. Por eso admiro y aprecio tanto a algunos sociólogos estadounidenses que se ponen a discutir con personas con opiniones radicalmente opuestas para comprender su humanidad positiva. Debemos confiar y no resignarnos con nadie. Nunca debemos rendirnos, ni con nosotros mismos ni con los demás. Sé que esto es muy difícil, sobre todo cuando uno se encuentra en un momento de profunda lucha.

CARRÓN: Siempre he tenido conciencia de mi humanidad, de mis necesidades humanas, que se ha convertido en una brújula para mantenerme en la realidad. Creo que la lealtad a mi humanidad me salvó la vida porque me permitió reconocer, cuando la conocí, «la» respuesta a la necesidad más profunda de mi corazón; la tengo muy despierta. Nunca he renunciado a esta necesidad, que encuentra su expresión en esa inquietud de la que habla san Agustín: «Nos creaste, Señor, para ti, y nuestro corazón está inquieto hasta que descanse en ti».[33] Vi vibrar poderosamente en mí ese *desiderium naturae* del que hablan los escolásticos y santo Tomás. Y cuando, al conocer el movimiento de Comunión y Liberación, entré en contacto con la obra de Giacomo Leopardi, a quien don Giussani nos presentó desde el principio, sentí que describía toda la experiencia que había vivido y tenía dentro. Cuando escuchaba a don Giussani leer: «Y siempre acusar a las cosas de su insuficiencia y nulidad, y padecer necesidades y vacío, y, aun así aburrimiento, me parece

---

33 Agustín de Hipona, *Confesiones*, I, 1.

el mayor signo de grandeza y de nobleza que se pueda ver en la naturaleza humana»,[34] que es una frase de Leopardi, me hacía temblar. La he repetido casi siempre que he tenido ocasión, porque esta humanidad —tan poderosamente retratada por el poeta— me describía por completo. Es una humanidad que no se reduce a una expresión sentimental, sino que se capta como la estructura del yo. Esto determina mi manera de sentir. Creo que mi humanidad, fortalecida por el encuentro con Cristo, me ha permitido estar en sintonía con la humanidad de los demás, dejándome asombrar incluso por los que aparentemente están muy lejos de mi forma de pensar. Quiero conocer a la persona en su situación existencial, y esta actitud es anterior a otros pensamientos.

WILLIAMS: En los encuentros con otros que son diferentes a mí (pienso, en particular, en los diálogos interreligiosos) siempre me sucede que estoy más atento a la profundidad y autenticidad del deseo de los demás. En cierto modo, veo que en ellos se abre un espacio para el Dios al que yo mismo intento abrirme. No quiero decir que todos los caminos sean iguales. Pero, cuando tales encuentros son auténticos, tengo el privilegio de ver a alguien que anhela la verdad de un modo real y desafiante pero también gozoso, y espero experimentarlo yo también. Suelo dar gracias a Dios por ello.

TAYLOR: Hoy existe una necesidad de compañía que es muy diferente al modo en que esta necesidad se expresaba y se satisfacía en la cristiandad. Por «cristiandad» entiendo una sociedad totalmente cristiana, o al menos que se consideraba como tal. En esa sociedad, reunirse y establecer una relación con una

---

34 G. Leopardi, «Pensamientos» LXVIII, en *Poesía y prosa*, Alfaguara, Madrid 1979, pp. 465-466.

persona no cristiana o con un cristiano distinto de mí podría considerarse una especie de «traición», ya que si el cristianismo no permanecía como un todo uniforme dejaba de existir. Ahora lo extraordinario es que personas diferentes, en momentos diferentes, se dejan aferrar por la revelación cristiana y quieren profundizar en ella, estableciéndose de inmediato un sentimiento de afinidad, una necesidad de relación con otras personas que están realizando un viaje similar, aunque no sea dentro del ámbito cristiano. A veces, el itinerario también puede producirse en un contexto ateo. Es lo que he observado en repetidas ocasiones en nuestras sociedades. Los cristianos se sienten a menudo en la frontera entre dos tipos de comunidades, dos tipos de relaciones. Es cierto que muchos se juntan porque están profundamente tocados por la fe cristiana. Pero estas mismas personas (y esto refleja mi experiencia personal) no pueden avanzar en su camino, no pueden florecer sin este tipo de relación con los demás. El encuentro con los demás, de hecho, revela constantemente diferentes facetas del camino emprendido y lo empuja en nuevas direcciones. Una relación de este tipo crea un sentimiento de amistad verdaderamente poderoso. No se trata solo de encontrar interesante lo que el otro representa, sino que se empieza a sentir una simpatía muy fuerte; una sensación de afinidad con personas que no son cristianas, pero que se mueven en una dirección similar. Experimento este sentimiento paradójico, parece contradictorio: ver al otro que es diferente a mí, entender sus motivaciones, intentar comprenderle, sentir simpatía y establecer una relación con él me permite avanzar en mi camino cristiano. Es un camino cristiano porque se basa en la capacidad de amar, de acercarse y de escuchar al otro. Lo encontramos en los evangelios, donde se relata cómo Jesús descubrió a todos y cada uno de los seres humanos. Es algo absolutamente extraordinario. Pensemos en el encuentro con la Samaritana. Hoy necesitamos más que nunca esta sensibilidad, aunque la mayoría de nosotros no podamos manifestarla. La paradoja consiste en esto: siento que la relación con personas cuyo camino es muy diferente al mío me ayuda a avanzar en lo que reconozco como mi camino, nuestro camino de cristianos. Creo que se trata de una situación completamente nueva, porque vivimos en una época en la que el encuentro con el otro es una de las expresiones más importantes de la fe.

CARRÓN: Nunca percibo como un riesgo las relaciones con los demás. Poder relacionarme con gente que he conocido en la calle siempre ha sido para mí una posibilidad, nunca un riesgo ni un peligro; más bien, una oportunidad para poder enriquecer mi visión de la realidad. Es algo que me interesa y jamás he tenido problemas para establecer relaciones de todo tipo. También he sentido el deseo de comunicar mi percepción de las cosas a los demás. Y así comprobar si las razones que sostenían determinadas convicciones a las que había llegado podían estar en pie ante cualquier persona, fuera cual fuese su posición ante la vida. En muchas ocasiones, me he encontrado con otra persona precisamente por la posición que yo había ido madurando. Por eso me convencía cada vez más de que el otro era bueno para mí, porque, cuando me encontraba con él, aunque a veces no estuviéramos de acuerdo en algunas cuestiones, siempre me planteaba preguntas o cuestiones que me hacían caminar. Hace poco escribí a una de estas personas (con las que he tenido la suerte de conversar) que se han convertido para mí en compañeras de camino al destino. Con sus solicitudes, e incluso objeciones o disonancias, siempre me han incitado a hacerme preguntas y caminar. Nunca he percibido la realidad ni a las personas como enemigos; todo y todos son mis amigos porque me conducen a algo «más». Un encuentro nunca es formal: nunca hay uno igual a otro, siempre hay algo singular, algo diferente, que hace que todo forme parte de una única construcción. Me sorprende que sean muchas las personas que conozco que quieran mantener relación conmigo; estoy agradecido por ello y les doy espacio porque me importan, no porque quiera obtener algo a cambio, ni porque desee cambiarlas o llevarlas en alguna dirección. Simplemente aspiro a caminar con ellas desde donde están, con su modo de vivir, sin otro deseo que compartir la vida, para que cada uno pueda hallar su propio camino. Esto hace que las relaciones se me hagan cada vez más queridas. Y para mí es un verdadero honor poder cultivarlas.

WILLIAMS: Lo que el cristianismo aporta al mundo secular es la clara convicción de que toda vida en nuestro planeta, en todo momento y en todo aspecto, es una vida a la que Dios ha llamado al ser y que, por tanto, está atravesada por un don y una invitación divinos. Es de aquí de donde debe partir cualquier argumento verdaderamente perdurable sobre los derechos humanos, no para formular una serie de reclamaciones ante los tribunales, sino en el sentido de que cada persona (sea consciente de ello o no) tiene esta profunda relación con Dios en su corazón, puesto que está hecha a su imagen y semejanza. Toda vida humana nos llama a cuidarla, a servirla, a sentir alegría por ella y a entrar en comunión con ella.

Por lo dicho hasta ahora, parece que los tres valoran la amistad y las relaciones humanas.

WILLIAMS: Sin duda, la amistad es uno de los mayores dones de Dios y yo he sido bendecido con muchas amistades a lo largo de los años. Es importante porque, en primer lugar, eres escuchado, comprendido y alguien te responde. Un buen amigo no tiene por qué estar de acuerdo contigo. De hecho, algunos grandes amigos pueden estar en profundo desacuerdo, e incluso decirte: «No comparto tu criterio, pero quiero entender más». Saber que hay personas a nuestro alrededor que nos escuchan y nos ven, es la razón por la que la amistad, a su manera, es una especie de imagen de Dios. Porque la verdad suprema de Dios es que nos oye y nos ve: nunca pasamos inadvertidos, ni somos olvidados ni ignorados.

A lo largo de mi vida y de mi ministerio, he querido encontrar amigos que fueran testigos de lo que deseaba. Y también espero haber sido un verdadero amigo en circunstancias diferentes y ofrecido el mismo don a los demás. Las amistades, especialmente en el contexto de la fe cristiana, han sido cruciales. Recuerdo que, cuando empecé como obispo en la Iglesia de Gales, estaba agradecido (y aún lo estoy) de que en esa provincia más bien pequeña (solo tiene obispos) de la familia anglicana todos fuéramos muy amigos entre nosotros. Trabajábamos en gran comunión. No estábamos de acuerdo en todo, pero teníamos un fuerte sentido de pertenencia mutua. Cuando me convertí en arzobispo de Canterbury, una Iglesia más grande, eché de menos esa intimidad, esa franqueza, pero al mismo tiempo se crearon otro tipo de vínculos. Por ejemplo, he valorado la amistad con los miembros de Comunión y Liberación por la sensación de escuchar y compartir preocupaciones y alegrías comunes.

TAYLOR: Antes he hablado de la idea de la vida como un viaje. Ves un movimiento en tu mundo y quieres unirte a él, seguirlo. Quieres acercarte a la meta hacia la que se dirige ese movimiento. Caminar es negarse a quedarse estancado en el aquí y ahora. Se trata de ir cada vez más lejos. Es una especie de peregrinación con algunos saltos: uno cruza la montaña y luego espera un poco. Cruza el río y luego espera un poco más, y así sucesivamente. Para mí, la imagen del camino es vívida y real. De hecho, en mis escritos (quizá de manera equivocada) la he generalizado: veo que otras personas también están en el camino. Aquí llegamos a la dimensión ecuménica de la idea del camino.

Los seres humanos están en un camino espiritual. Algo les conmueve profundamente: tal vez conocen a alguien a quien admiran y empiezan a querer parecerse a él o seguirle. Entonces «emprenden» un verdadero viaje.

La era secular ha traído consigo una superación de las fuertes identidades nacionales ligadas a determinadas Iglesias, que desempeñaban un papel central en la escena europea. Por lo general, esto no reflejaba un camino, sino más bien una forma de vida dentro de una comunidad «densa», caracterizada por ciertas reglas. Sin embargo, cuando uno empieza a pensar en las personas que siguen un camino, se da cuenta de lo parecida y cercana que es la propia vida. Por ejemplo, la de un amigo budista cercano: es un camino muy diferente (y los términos en que se describe también lo son), pero hay una fuerte sensación de estar en el mismo tipo de camino, porque la transformación que se busca en estas dos tradiciones (la cristiana y la budista) tiene muchas similitudes. Los budistas hablan de *karuna*, o «compasión»: la idea de un camino en el que uno se vuelve más compasivo me impresiona profundamente. No estamos recorriendo el mismo camino, porque la descripción del terreno y de los pasos que damos es muy diferente; sin embargo, en cierto modo, esta persona también está llamada por Dios, aunque ella no lo describa de la misma manera. Somos aliados en el mundo de hoy: el tipo de cambio que queremos experimentar, el tipo de transformación que queremos vivir, el tipo de vida humana diferente que queremos ver nos convierten en aliados. Pienso, de forma parecida, en algunos ateos que conozco: por estar muy implicado en política (pues creo que así puedo contribuir al intento de mejorar nuestras vidas), me encuentro muy cerca de ellos, compartimos los mismos objetivos.

Concebirme a mí mismo como alguien que ha emprendido un viaje me ayuda a ver que muchas otras personas también lo han hecho: la cuestión se convierte entonces en lo cerca que uno está de los demás en su viaje y lo cerca que uno debería estar. Por eso estoy a favor de esta visión ecuménica. No me refiero solo a las relaciones entre cristianos, sino a un ecumenismo entendido como amistad e intercambio con todos los pueblos a través del cual se puede aprender algo. Este tipo de amistad ecuménica puede contribuir realmente al camino de cada uno. Aunque permanezcamos en caminos diferentes (convergentes o paralelos), hay muchas personas que intentan cambiar el mundo más o menos en la misma dirección.

WILLIAMS: He cultivado la amistad con muchas personas que están en los márgenes o incluso más allá de los confines de la Iglesia. A menudo han enriquecido mi sentido de lo humano (del esfuerzo humano y de la esperanza humana) de formas bastante inesperadas. Incluso puedo hablar de amistad con hombres con los que he mantenido grandes debates públicos, como Philip Pullman o Richard Dawkins, con los que discrepo en cuestiones fundamentales. Sin embargo, el reto persiste: ¿Se puede encontrar un nivel humano en el que haya experiencias, convicciones o perspectivas que nos den a la vez alegría, esperanza y una especie de solidez de presencia en el mundo? Mi experiencia me dice que no es imposible. Es una de las grandes gracias que Dios nos concede.

CARRÓN: Don Giussani decía que el auténtico ecumenismo consiste en reconocer y afirmar la semilla de verdad que encontramos en el otro, sea cual sea la cultura y la tradición a la que pertenezca.

TAYLOR: Sí, exactamente. Hay una forma de entender el ecumenismo que es negativa. Por ejemplo, pensamos que ir por ahí gritando: «¡Sois unos ilusos, sois muy malos!» es un comportamiento poco cristiano. En este sentido, «ecumenismo» es dejar de hacer algo que, como cristianos, reconocemos que no debemos hacer. Pero el ecumenismo también puede entenderse en términos de hacer algo que es muy bueno, en lugar de evitar solo algo que es malo. El auténtico ecumenismo me da la idea de estar en un camino que me llevará a realizar el *agápē* en mi vida, encarnando la forma en que Jesús miraba a las personas. Este tipo de ecumenismo proporciona una motivación muy diferente para buscar relaciones con los demás. No se trata de decir: «Oh, por fin voy a dejar de insultarles», sino que forma parte de lo que estoy llamado a hacer; en eso consiste mi camino.

Es extraño, es un tipo de ecumenismo del que nunca oí hablar cuando era joven. Tengo edad suficiente para recordar los inicios del movimiento ecuménico, en torno de la Segunda Guerra Mundial, cuando se dijo: «Tengamos un poco de respeto mutuo, dejemos de decir lo terribles que son los no creyentes y las personas que creen en otra cosa. Seamos amigos de alguna manera. No debemos ser hostiles». Luego trabajamos en algunos proyectos conjuntos importantes y descubrimos una profunda sensación de resonancia positiva entre nosotros. Íbamos en la misma dirección. Y de esta experiencia surge otra cosa: uno quiere saber qué hace vibrar a una persona, y empieza a conocer su vida. Al hacerlo, se aprenden cosas que a veces son muy importantes para uno mismo. Se acaba sintonizando con diversos aspectos de la esperanza y del camino del otro. Las amistades crecen en torno a este sentido de pertenencia común, donde uno se encuentra y llega a conocerse, y hay una correspondencia en ello. Pienso que el camino cristiano que intento recorrer necesita este tipo de ecumenismo. Verdaderamente, tener estas amistades, experimentar esta comprensión mutua, establecer estas alianzas, estos vínculos, forma parte de la realización del camino cristiano. Muchas personas, quizá muy diferentes a mí, están dentro de lo que significa «avanzar por mi camino» y, casi seguro, ellos sienten a su vez que estar conmigo significa avanzar por su camino. Es un ecumenismo totalmente nuevo.

Las relaciones, las amistades y el caminar con los demás necesitan mucho tiempo. Ante muchos problemas cada vez más acuciantes, parece necesario aplicar soluciones rápidas. ¿No perciben ustedes esta necesidad?

CARRÓN: Soy consciente de las muchas urgencias que caracterizan la realidad actual, pero no tengo prisa por dar una solución rápida, porque me parece que el camino humano necesita tiempo para madurar. El tiempo es absolutamente esencial para discernir y evaluar de forma adecuada. No podemos acumular conocimientos apresuradamente, no podemos hacer que el trabajo de valoración y evaluación sea nuestro si no es a través del tiempo. Ocurre lo mismo en todas las relaciones: para conocer a una persona, es necesario establecer una convivencia con ella; ahora bien, la convivencia requiere tiempo, y solo quien está dispuesto a hacer un viaje puede alcanzar el verdadero conocimiento. En el caso de las relaciones humanas, la convivencia exige prestar atención a las señales que la persona nos ofrece para darse a conocer. Y con las personas estamos obligados a hacer un camino, igual que en la vida.

Siempre recuerdo una frase que me dijo don Giussani al final de un encuentro: «Mira, Julián, la cuestión decisiva es quién ha hecho un camino estable en la vida y quién no». Esto significa que solo quien se ha comprometido en un camino, es decir, solo quien ha experimentado lo que le ha sucedido, hasta el punto de convertirlo en algo propio para el resto de su vida, puede enriquecerse cada vez más. Lo que hace que la vida sea «vida» es el crecimiento de la persona, pero para madurar es necesario estar en la realidad, enfrentarse a las situaciones más variadas aprendiendo a juzgarlas. Esto es lo que hace que uno se convierta en adulto. Por eso no hay que tener prisa por «llegar». La experiencia es decisiva para que todo lo que suceda pueda formar parte del camino de la vida: consiste no solo y no tanto en «probar», sino en juzgar la realidad a la luz de las evidencias y las necesidades originales (verdad, belleza, justicia, felicidad) que caracterizan la estructura del ser humano como «dado», es decir, como creado a imagen y semejanza de Dios. Entonces, todo lo que sucede a lo largo de nuestro camino se convierte en parte de la construcción de un edificio. No hay nada que desechar, porque incluso los errores pueden ser útiles para la comprensión de algo fundamental. ¡Cuántos descubrimientos científicos se han producido gracias a un error! Así ocurre no solo en la vida personal, sino también en la ciencia y el arte. Un error en la formulación de un juicio no invalida la capacidad del hombre para reconocer la verdad. Si así fuera, el ser humano sería de hecho incapaz de reconocer verdad alguna, incluida la verdad revelada, por ser completamente «extraña» a su naturaleza y a su realización.

Los intentos humanos siempre están sujetos a error, en cierto sentido son «irónicos»: por eso solo un camino nos permite llegar a la certeza. Y esta, que es decisiva para todos los aspectos de la vida, lo es aún más cuando hablamos de las cuestiones fundamentales de la existencia. Hoy no todos quieren dar el espacio necesario para que la certeza madure. Hay una frase de don Giussani que describe muy bien la dinámica del encuentro con el otro: la evidencia habla de un «reconocimiento ineludible: "¡Es él!". "Es ella"». Y enseguida añade: «Pero solo el espacio que damos a que esta constatación se repita carga la impresión [causada al principio] de peso existencial». Solo mediante la convivencia, el otro entra «cada vez más radical y profundamente en nosotros, hasta que, en un determinado momento, se convierte en certeza».[35] Este camino de conocimiento es el de los discípulos en el Evangelio, desde el primer encuentro hasta las muchas confirmaciones recibidas en la relación con Jesús:

35 L. Giussani, *Los orígenes de la pretensión cristiana: Curso básico de cristianismo*, vol. 2. Ensayos, 456. Encuentro, Madrid 2011, p. 62.

«El conocimiento consistirá en una persuasión que tendrá lugar lentamente, [solía decir a mis alumnos que subrayaran tres veces el adverbio "lentamente"] donde ningún paso posterior desmentirá los anteriores».[36]

De la convivencia vendrá la confirmación de esa impresión inicial de excepcionalidad, hasta convertirse en certeza. Mediante la convivencia y la verificación, comparando los criterios inscritos en el corazón humano, esta certeza se agranda. La convicción abarca esta trayectoria. Sin ella, nunca podríamos alcanzar una certeza en la que basar nuestra vida. Por eso me parece que esta trayectoria, este camino, es decisivo en la vida, y más ahora, cuando la prisa hace que las cosas desaparezcan sin dejar huella en nosotros tan rápido como nos alcanzan. También esta es la razón de que a menudo prevalezca la aridez, que prepara un terreno muy fértil para el nihilismo. Solo encontrando algo que perdure en el tiempo y que, en lugar de disolverse, confirme su verdad, es posible alcanzar una certeza que ninguna «tormenta» puede destruir.

El profesor Taylor ha dicho que la posibilidad de caminar juntos es viable por el hecho de que vivimos en una era secular. ¿Qué hace que nuestra época sea tan diferente de las anteriores?

TAYLOR: Creo que puedo explicar mi visión de la era secular en pocas frases, indicando contra qué lucho. Hay una visión de la secularización que se basa en lo que yo llamo «visión sustractiva de la historia», según la cual somos el mismo tipo de seres humanos que existían, por ejemplo, en la Europa del siglo xv. Somos algo así como sus descendientes. Desde entonces, sin embargo, nos hemos vuelto más inteligentes y hemos

---

36 *Ibid.*

abandonado algunas de nuestras estúpidas creencias, en particular las teológicas y las religiosas, pero —de hecho— seguimos teniendo la misma forma de estructurar la vida como seres humanos. Esto me parece completamente erróneo porque el ser humano es un «animal que se interpreta a sí mismo». Y cuando nos comprendemos a nosotros mismos de otra manera, nos «convertimos» en un tipo de ser diferente. ¿En qué nos diferenciamos de nuestros antepasados si descendemos de aquellas gentes del siglo xv? Una diferencia, por ejemplo, es que tenían una percepción muy aguda del «mundo de los espíritus», incluidos los muy malos (que podían, por ejemplo, destruir las cosechas). Se caracterizaban por un fuerte sentido de la vulnerabilidad. Hoy esta forma de concebir el mundo sigue existiendo, por ejemplo en algunas zonas de África, pero nosotros, en Occidente, la hemos perdido. El mundo de los espíritus no nos interpela de la misma manera, prueba de ello es que las películas sobre personas que sufren hechizos nos atraen y nos divierten; si fuéramos como nuestros antepasados del siglo xv saldríamos corriendo. Este distanciamiento se debe a la formación de lo que yo llamo un «yo blindado» que nos hace impermeables, por ejemplo, al mundo espiritual.

Junto con el «yo blindado», una segunda característica de la era secular y del modo en que nos autointerpretamos es nuestro sentido del control. Somos ciegos y sordos a la idea de que pertenecemos a un orden de vida mucho mayor, a la que debemos algo. Tenemos personalidades estructuradas alrededor de este pensamiento: «Nosotros poseemos las cosas, avanzamos y controlamos la realidad». Estos dos elementos, el «yo blindado» y la idea de control, juntos proporcionan la base de lo que yo llamo el «marco inmanente». Ahí radica la diferencia entre nosotros y la gente del 1400: no es cierto que seamos el mismo «tipo» de seres humanos y que la diferencia solo radique en haber abandonado ciertas creencias estúpidas. Es mucho más complicado que eso. El hecho es que somos un tipo diferente de ser humano, caracterizado por una nueva conciencia de sí mismo, del universo, de la vida. Con nuestra búsqueda de un conocimiento más claro y profundo de todo. A eso lo denomino la «era secular». Las condiciones de la fe han cambiado. La forma en que surge en nosotros la cuestión de la creencia religiosa o la fe ha cambiado. No somos idénticos a nuestros antepasados, con algunas proposiciones falsas menos.

Creo que es fácil quedarse atrapado en la idea de que nuestra forma de ser es comparable a la de nuestros antepasados. Cuesta imaginarse a seres humanos profundamente diferentes a nosotros. Pero si se presta atención a quienes estudian etnografía (como Margaret Mead en Indonesia y Bronisław Malinowski), uno descubre realidades que jamás habría soñado, una forma de ser que nunca imaginó que pudiera existir. Uno se hace una idea de lo tremendamente disímiles que pueden ser los seres humanos: esta diversidad se genera por la forma en que entienden el mundo, el idioma que utilizan, la música que tocan. Por lo general, en cualquier época, a la gente le cuesta entender esta diferencia, así que admiro mucho los estudios etnográficos que describen al otro como diferente a nosotros. Creo que es muy importante hacer este trabajo porque no nos escuchamos lo suficiente; incluso en nuestra propia sociedad, si lo pensamos bien, hay gente tremendamente distinta. Es fácil imaginar que todo el mundo es como nosotros y como nuestros amigos: esta perspectiva, sin embargo, nos hace malinterpretar no solo la historia, sino también a la mayoría de las personas con las que compartimos el mundo, lo cual no es bueno. Y no solo porque políticamente es estúpido (si tengo que convencer a alguien de mis ideas, primero tengo que entenderlo), sino también porque tampoco es la forma de vida a la que estamos llamados. El tipo de camino en el que estoy me dice que ese no es nuestro destino: más bien, estamos llamados a relacionarnos para entendernos unos a otros y lograr una comunión profunda. Creo que estamos muy lejos de este objetivo, y para alcanzarlo necesitamos salir de nuestro pequeño mundo, de nuestro propio sentido de lo que significa ser humano, e ir más allá.

WILLIAMS: Siento una profunda conexión con lo que dice Taylor porque me parece que, a veces, la cuestión de creer o no creer se plantea como si fuera un «sí» o un «no» a una serie de afirmaciones muy simples. La verdad es que a menudo hacemos las preguntas equivocadas y no esperamos lo suficiente para averiguar qué preguntas se hacen los demás. Este es un error que cometen tanto los creyentes como los no creyentes. Todo el mundo cree que entiende las preguntas de los demás, pero no siempre es así. Debemos aprender a sentarnos juntos y escuchar. Por último, creo que hay mucha sabiduría en la formulación utilizada por uno de los grandes pensadores religiosos de nuestro tiempo, el ateniense Christos Yannaras: «Debemos recordar que el cristianismo no es un sistema religioso. El cristianismo tiene que ver con habitar el cuerpo de Cristo que vive en la Iglesia, entendida no como una institución, sino como una realidad sacramental y espiritual que nos pone en contacto con la verdad. El cristianismo consiste en vivir lo que proclamamos y anunciamos, no se trata de una teoría triunfante».

TAYLOR: Es importante comprender los cambios que se han producido en la experiencia que hemos vivido. En particular, tenemos que evitar pensar que la no creencia implica una pérdida total de la idea de plenitud (como a veces piensan los creyentes) y tenemos que dejar de ver la fe simplemente como un conjunto de teorías para explicar lo que experimentamos (como a veces piensan los ateos). Ambos bandos han sido hipnotizados por una visión errónea. Los creyentes afirman que, si nos alejamos de una sociedad cristiana, todo irá mal porque la gente vivirá una existencia sin dirección. Los ateos militantes van por ahí exultantes: «¡Hurra, hurra! Cada vez hay más personas que huyen de la Iglesia, eso significa que se alejan totalmente de la religión». Y ninguna de las partes puede ver el extraordinario cambio de pensamiento que he descrito antes. Es un cambio que se está produciendo en muchas personas, que ahora se consideran «buscadores» espirituales. A diferencia de lo que sucedía en el pasado, los «buscadores» espirituales experimentan un nuevo tipo de relación: no se maldicen unos a otros, intentan entenderse y aprender unos de otros. Por el contrario, los dos grupos descritos anteriormente (los cristianos muy conservadores y los ateos militantes) están ciegos ante lo que ocurre delante de sus ojos.

¿Cómo ha cambiado la secularización la forma de concebir la vida política?

TAYLOR: Hay varios tipos de laicidad y de secularismo. Uno es el que trata de proteger la religión de la interferencia del Estado, como en el caso de la fundación de Estados Unidos. Pero hay otro que, en cambio, está interesado en defender al Estado de la religión, como en gran parte del laicismo francés, que reaccionó contra el movimiento monárquico católico. Pero el tipo de laicidad en el que personalmente creo es la neutralidad del Estado, acompañada de la máxima libertad de conciencia para todos los individuos. Sostuve esta idea más sana de laicidad por una batalla en la que participé activamente en Quebec, y no la hemos ganado del todo. Seguimos luchando; a veces ganamos y a veces perdemos.

Es difícil porque la generación de más edad aún guarda un gran resentimiento contra una Iglesia dominante y autoritaria que teníamos en Quebec. En el hecho de rebelarse contra ella subyace a menudo una noción de laicidad que incluye un elemento antirreligioso. Por eso me metí en política: para explicarle a la gente que intentar eliminar la religión por completo no es el camino correcto, ya que sin duda violaría los derechos de algunas personas y crearía grandes desigualdades entre los ciudadanos. Pretender eliminar la religión de la esfera pública es una postura que va en contra de una dimensión fundamental de nuestra identidad política, la defensa de los derechos humanos.

No se trata, sin embargo, de una tesis fácil de sostener, sobre todo cuando la gente no es plenamente consciente de las razones por las cuales se opone a dejar el debido espacio, dentro de la esfera pública, a las personas religiosas. Hay muchos para quienes la religión es un tema muy conflictivo; al haber tenido una mala experiencia, se han rebelado contra ella y no quieren oír hablar del tema. En Quebec organizamos un curso escolar para enseñar a los alumnos las diferentes religiones, pero muchos laicistas se opusieron. No querían que sus hijos llegaran a casa y dijeran que habían estudiado las religiones. Se trata, pues, de una situación muy compleja, en la que sin duda se arrastra un trauma histórico.

¿Cuál es el papel de los cristianos en política?

TAYLOR: Dedicarse activamente a la política es una vocación. No creo que lo sea necesariamente para todo el mundo, pero para mí lo es. Esto se debe en parte a mis antecedentes (todos los miembros de mi familia estaban implicados en política) y, en parte, a que me educaron para ello. Si tienes vocación, la política es un campo importantísimo en el que puedes llevar a cabo propuestas muy significativas. Idealmente, nuestras sociedades democráticas liberales se caracterizan por un fuerte sentido de la solidaridad, la pertenencia y la responsabilidad mutua. No deberíamos sentarnos y decir: «Yo estoy bien. Por desgracia, otras personas sufren, pero yo no. Yo estoy bien». Deberíamos comprometernos más en reconocer nuestra dependencia de los demás, de la sociedad en la que vivimos y de nuestros deberes para con el prójimo. Esta es una consecuencia «positiva» (si se puede llamar así) de la pandemia del covid: de repente (es un cambio de orden) la gente se dio cuenta de que había trabajadores esenciales de los que dependía toda su vida. Y en muchos casos se trataba de personas mal pagadas que trabajaban en malas condiciones. La conciencia de nuestra interdependencia es algo a lo que debemos prestar más atención.

WILLIAMS: Reconocer la imagen de Dios en otro ser humano no solo conlleva una serie de deberes, significa discernir reflejos de la vida divina tanto en el otro como en uno mismo. La comunidad humana, entonces, se convierte en el lugar (como es o como debería ser en el cuerpo de Cristo) donde cada persona utiliza su vida para ayudar a hacer más viva la existencia de los demás. El Nuevo Testamento no es una filosofía social; es el Evangelio, lo cual es muy diferente. Cuando se observa cómo concibe el Nuevo Testamento la convivencia humana surgida de la vida, muerte y resurrección de Jesús, entonces se comprende cómo sería una sociedad verdaderamente curada y transfigurada. San Pablo la describe como la vida de un organismo en el que cada parte es esencial para la existencia de las demás; una persona no puede vivir sin las distintas partes de su organismo, y las distintas partes no pueden vivir sin cada persona. En mi opinión, este profundo sentido de implicación mutua —tanto la responsabilidad de cuidar de la vida del otro como la promesa de ser cuidado por el otro— está en la base de la posibilidad de vivir juntos sin rivalidad, sin destrucción y sin violencia.

Volviendo a las consecuencias de vivir en una época secular, ¿qué repercusiones tiene esta situación dentro del cristianismo?

TAYLOR: Creo que la civilización europea ha recorrido un camino con muchos desafíos desde el siglo XVI hasta tiempos más recientes. Gracias a su superioridad militar y a una serie de ventajas en el uso de la tecnología en las guerras, los países europeos han subyugado muchas partes del mundo (pensemos en la conquista de las Américas por España, el Imperio británico, el Imperio francés, etc.). Nos alimentaron con la absurda idea de que éramos una civilización cristiana y que, por tanto, la colonización y la fe dependían la una de la otra. Pero esta no es la única opción. Pienso en las maravillosas misiones de los jesuitas en China con Matteo Ricci y sus compañeros, de las que se desprende que su propósito era comunicar la fe cristiana y no llevar la civilización europea. Estos misioneros buscaron la manera de mostrar que el cristianismo también tenía sentido en otra civilización. Lo hermoso de nuestro tiempo es que la Iglesia ha vuelto a esa idea, aunque todavía no nos hayamos recuperado del todo de la idea de que el cristianismo es propiedad de Europa. Todavía arrastramos cierta herencia de la época de Constantino, que nos acostumbró a vivir en sociedades en las que no solo la adhesión a la fe era numéricamente muy significativa, sino que toda la estructura política y las tradiciones artísticas e intelectuales estaban marcadas por la fe cristiana. No pretendo afirmar que esto fuese en sí mismo erróneo o incluso que la cristiandad fuera un fenómeno criticable en su totalidad (baste decir que generó obras maestras como la *Divina comedia* o la catedral de Chartres). Sin embargo, no creo que sea una buena manera de ser cristiano, porque se mezclan la fidelidad política y la fidelidad a la fe, y de ahí la tentación de utilizar la fuerza para imponer la fe al conjunto de la sociedad. Corremos el riesgo de perder de vista todo lo que han aprendido otras Iglesias cristianas no hegemónicas, es decir, las que no han gobernado sus sociedades. Pienso, por ejemplo, en las Iglesias del mundo árabe, que hoy están siendo expulsadas a causa de los terribles conflictos que se están produciendo.

Debemos aprender a vivir sin la cristiandad, y pensar en este cambio no como la pérdida de una forma maravillosa de existir, sino como la ganancia de una forma mucho más sana de existir, en la que podamos recuperar el papel central de la libertad. La fe debe ser algo a lo que uno se adhiere libremente con todo su ser y no el resultado de una imposición de pertenencia (como el mundo en el que viví de niño en Quebec, donde la propia naturaleza del nacionalismo local giraba en torno a la Iglesia). Este tipo de coacción y presión no proporciona la situación ideal para permitir que la fe crezca realmente. Me gustaría señalar cómo los dos elementos de los que hemos hablado, a saber, la importancia de pensarse a sí mismo en camino, por una parte, y la necesidad de experimentar la fe como algo independiente del problema de la cristiandad, por otra, van en paralelo. Tenemos que abandonar la idea de que la modernidad representa para la fe una derrota contra la que tomar represalias. Vivimos en un mundo diferente, en el que nuestra tarea no consiste en intentar reconstruir la cristiandad ni en luchar por preservarla.

CARRÓN: La Iglesia ha recorrido un largo camino para reconocer que no hay otro modo de comunicar la verdad que a través de la libertad. En consecuencia, se trata de comprender qué puede desafiar la libertad, el deseo de plenitud y la expectativa que todos llevamos dentro. Solo si el cristianismo se presenta como un acontecimiento relevante para las necesidades del hombre, si permite una intensidad y una piedad que ningún éxito, ningún trabajo, ningún afecto pueden ofrecer, entonces conseguirá llegar a la vida de una persona y a la vida de quienes se encuentran con él. En este sentido, creo que la secularización nos ofrece —de manera paradójica pero real— una gran oportunidad para comprender mejor la naturaleza misma del cristianismo. La secularización puede leerse también como la consecuencia de comunicar un cristianismo reducido a doctrina, ética o rituales, que ya no era capaz de apelar a la totalidad de la persona y que resultó infructuoso. Por tanto, o redescubrimos la naturaleza del cristianismo para testimoniarla de una manera nueva, o de lo contrario —probablemente— el cristianismo no tendrá muchas posibilidades en la situación en la que nos encontramos, ya que cualquier imposición extrínseca al «yo» es hoy inaceptable.

La secularización es una gran oportunidad ante todo para nosotros, los cristianos, no para reprochar algo a los que no creen, sino para darnos cuenta de lo que hemos hecho con la Gracia que nos ha alcanzado. ¿Seguimos creyendo en la belleza desarmada de la fe y en su capacidad de atracción? Basta pensar en cuántas personas creen que el atractivo de la fe es suficiente para hacerse cristiano, sin necesidad de atraer a la gente hacia la fe «con calzador», con moralismo y mediante coacciones. Nos encontramos ante el reto que Thomas Stearns Eliot describe con la doble pregunta: «¿Ha abandonado la Iglesia a la humanidad, o la humanidad ha abandonado a la Iglesia?».[37] Creo que la Iglesia debe reflexionar constantemente sobre esta cuestión, porque en la forma en la que se propone, podrá verificar si el contenido que transmite responde a las necesidades fundamentales de la humanidad, que, a pesar de toda la confusión en la que pueda verse envuelta, permanecen intactas.

Lo vemos en autores de la talla de Michel Houellebecq, que sigue luchando por una plenitud que no halla en ninguna parte. Como él, muchos de nuestros contemporáneos (jóvenes y mayores) esperan encontrar lo que pueda satisfacer su necesidad de afecto y plenitud. Sin esa verificación, no será fácil para la Iglesia, es decir, para nosotros los cristianos, ocupar un espacio dentro de una sociedad multicultural para ofrecer esa aportación original que tanto necesita la humanidad.

TAYLOR: El cristianismo es un auténtico humanismo. A menudo utilizamos la palabra «humanismo» para describir algo en negativo: «Dios no está ahí, Dios no importa». Esto es lo que

---

37 T. S. Eliot, Coro VII de «La Piedra», *Poesías reunidas 1909-1962*, Madrid 1978.

yo llamo «humanismo exclusivo», es decir, la negación de todas las descripciones trascendentales de lo que hace grande al hombre. Si se excluye toda la gama de estas razones, lo que queda es una sociedad combativamente antirreligiosa. El «humanismo excluyente» se basa en la creencia de que podemos transformarnos a nosotros mismos y rechaza la idea de que el ser humano está llamado a algo grande e importante que es incapaz de lograr por sí mismo. Esta aspiración puede hacerse añicos cuando la concepción que se tiene de lo que le hace grande se convierte en su opuesto exacto. Lo hemos visto, por ejemplo, en el comunismo marxista. Poco a poco nos dimos cuenta de que estábamos ante algo totalmente distinto y ajeno a la idea original de lo que hace grande al ser humano. Cuando esto sucede, se puede llegar a un rechazo cínico y total de la posibilidad de realizar la grandeza humana. La alternativa es recurrir a otro tipo de humanismo: el cristianismo, el cual ofrece una descripción de lo que hace la vida verdaderamente digna, potencialmente grande. El cristianismo se caracteriza por tener una visión positiva del hombre y propone un sentido de la realidad en el que la realización es un camino viable.

WILLIAMS: El cristianismo sigue siendo una posibilidad atractiva hoy porque las personas que emprenden este camino se dan cuenta de que la alegría de haber encontrado la respuesta correcta no tiene nada que ver con la alegría de sentirse abrazado por lo que es verdadero y real. Existe una sobreabundancia, y en la conciencia que tienen de ella las personas con las que uno se relaciona, en las situaciones y las ocasiones con las que uno se topa, reside el meollo del asunto. Intentar construir una visión moral o describir la vida cristiana sin este elemento de alegría es un verdadero error. Como dijo Clive Staples Lewis, «el cristianismo es, después de todo, una especie de hedonismo, ya que tiene que ver con el placer y el deleite». No estamos llamados a ser infelices, sino a experimentar una especie de «vuelta a casa» y de satisfacción que son inmensamente más profundas que cualquier sentimiento de autosatisfacción o autocomplacencia que podamos generar por nosotros mismos. La paradoja es que, como la mayor parte del tiempo en última instancia somos egoístas, no podemos imaginar cómo será posible. Sin embargo, debemos confiar. Dios nos da ejemplos encarnados de cómo sucede esto: las vidas de los santos y, sobre todo, la realidad de Jesús. La Carta a los Hebreos, en el Nuevo Testamento, dice que, por el gozo que tenía ante sí, Cristo soportó la cruz. Pienso también en las palabras de Jesús en el Evangelio de Juan: «Para que vuestra alegría sea plena». Esto es una realidad. Para la mayoría de nosotros solo es una realidad en momentos muy breves, pero basta un instante para que las nubes se despejen y veamos que hay algo más allá.

CARRÓN: En este sentido, como decía antes, la cuestión del deseo, de la nostalgia, de lo humano que vibra en nosotros es decisiva. Porque es a esta humanidad que vibra en nosotros, es a esta espera de plenitud a la que Cristo responde, ofreciendo la posibilidad de experimentar la alegría. Para poder captar esto en su alcance existencial, nada es más decisivo —observa don Giussani— que mirar con ternura nuestra propia humanidad. Sin esta ternura hacia uno mismo es difícil que descubramos el verdadero alcance del cristianismo. La libertad es esa experiencia de satisfacción que solo podemos alcanzar cuando encontramos una presencia que responde a todas nuestras expectativas. Para mí, Cristo es esto: «Cristo me atrae por entero, ¡tal es su hermosura!», dice Jacopone da Todi.[38] ¿Qué había encontrado Jacopone para sentirse tan atraído? Había experimentado toda la satisfacción que Cristo había introducido en su vida.

---

38 J. da Todi, «Lauda XC», en Íd., *Le Laude*, Libreria Editrice Fiorentina, Florencia 1989, p. 313.

Si no sentimos esta libertad, difícilmente podremos comunicar hoy el cristianismo. Ninguna otra experiencia desafiará tanto para tomar una decisión como vivir la plenitud y la realización del yo: cuando uno se enamora, nada desafía más su libertad (sin coacción alguna) que el ser amado, quiere secundar ese amor, acogerlo, abrazarlo, desea no perderlo.

Me parece que si concebimos la libertad tal y como surge en el seno de la experiencia humana elemental, es decir, como satisfacción, el cristianismo solo puede salir ganando. No se trata de obligar a la libertad a adherirse a la fe, sino de interpelarla mediante una experiencia de correspondencia que facilite la adhesión. Por eso me sorprende la frase de Benedicto XVI que tanto repite el papa Francisco: «La Iglesia no crece por proselitismo, sino "por atracción"».[39] Solo esta atracción es adecuada para comunicar el cristianismo; sin ella, sería imposible hacerlo, porque nada es capaz de atraer la libertad, salvo algo que la realiza. Dios asumió el riesgo de la libertad, como observa Péguy: «A esta libertad, a esta gratuidad lo he sacrificado todo, dice Dios, a esa afición que tengo de ser amado por hombres libres, libre, gratuitamente, por hombres verdaderos, viriles, adultos, firmes».[40] Dios no se impuso al hombre, sino que se propuso desarmado, para que su razón y su libertad tuvieran una provocación a la que responder. De nuevo Péguy habla de la libertad como «el centro mismo del hombre, y la más bella creación de Dios en el hombre, y la más irrevocable, y la más necesaria, puesto que solo ella se articula precisamente sobre la gratuidad de la gracia».[41]

39 Francisco, Exhortación apostólica *Evangelii gaudium*, 24 de noviembre de 2013, 14.
40 Ch. Péguy, *Los tres misterios. El misterio de los santos inocentes*, Encuentro, Madrid 2008, p. 420.
41 Ch. Péguy, «Un uomo come gli altri», en Íd., *Il fazzoletto di Véronique. Antologia della prosa*, editado por Pigi Colognesi, Cantagalli Eupress FTL, Lugano-Siena 2020, p. 569.

WILLIAMS: Merece la pena recordar que Dios no compite con nosotros; no intenta derrotarnos ni subyugarnos. Ha elegido que existamos y vivamos plenamente. No es cierto que «más Dios» signifique «menos humanidad», o que «más humanidad» signifique «menos Dios». En el pensamiento laico y escéptico europeo existe la corriente que afirma que el ser humano, para alcanzar su plena dignidad, debe destronar al Dios tirano que le oprime. El modo en que los cristianos han hablado de Dios y lo han representado ha hecho a veces, por desgracia, que esta imagen sea cierta. Sin embargo, si nos fijamos bien en lo que afirma la doctrina cristiana, reconocemos que Dios, siendo el creador (es decir, la realidad eterna, activa, libre, abundante y gozosa que es) nunca necesita subyugar ni sustituir a ninguna otra realidad. El hecho de la Encarnación, la coexistencia de lo divino y lo humano en Jesús, nos dice que no hay contraposición. No es que Jesús sea cincuenta por ciento humano y cincuenta por ciento divino. Jesús es completamente humano. Es incluso más humano que cualquiera de nosotros, porque es la encarnación completa de la vida de Dios Hijo, de Dios Verbo. Una vez que se tiene esto en mente, Dios deja de ser una especie de «amenaza» y de «rival» y se le empieza a ver como puro don, pura ofrenda. Vivimos en un mundo muy preocupado por los derechos humanos, la libertad y la autonomía, e igualmente ansioso por no ponerse en manos de alguna realidad o poder extrínsecos. Vivimos en un mundo que, con razón, desconfía mucho de la mayoría de las formas de poder. El credo cristiano, correctamente entendido, evita esto y dice: someterse a Dios no significa postrarse ante un poder ajeno, como se haría ante un tirano humano. «Someterse» a Dios es permitir que la realidad más profunda de uno emerja con mayor libertad.

Quienes lean este libro se preguntarán: «¿Por qué un filósofo canadiense, un obispo anglicano y un teólogo español iniciaron un diálogo entre sí? ¿Cuál es el origen de su relación?».

CARRÓN: Nuestra relación fue un acontecimiento imprevisto. Nos unieron unas circunstancias aparentemente aleatorias. Lo más interesante es que, aunque no pasamos mucho tiempo juntos, nos encontramos y experimentamos una armonía única. La mayor parte del diálogo tuvo lugar a distancia, a causa de la pandemia. Sin embargo, descubrimos que sentíamos —como escribía don Giussani a un amigo suyo— la misma «vibración inefable y total [...] ante las "cosas"»,[42] y no porque nos hubiéramos puesto de acuerdo de antemano. De hecho, el resultado de nuestras conversaciones fue una sorprendente sintonía que generó una inevitable simpatía entre nosotros.

TAYLOR: Nuestras conversaciones se deben en gran parte a John Milbank, un pensador al que tuve ocasión de conocer cuando vino a Montreal. Leí su libro *Teología y teoría social más allá de la razón secular*[43] y luego mantuvimos contacto. En un momento dado me presentó a Rowan Williams y luego, en 2015, a miembros del movimiento católico Comunión y Liberación. Cuando hablé con ellos tuve una sensación maravillosa: tienen un lenguaje que en ciertos aspectos es diferente del mío, pero de alguna manera llegan a la misma realidad, hablan de lo que me interesa. Pensé: tenemos lenguajes diferentes, pero estas personas me resultan tremendamente estimulantes, porque a menudo me ofrecen nuevas formulaciones de la experiencia que no son las que tenía antes del diálogo con ellas. Me doy cuenta de que están viviendo una experiencia similar a la mía. Si yo fuera el único que reflexionara sobre estas cosas, pasaría por terribles momentos de duda y tal vez llegase a la conclusión de que, por ser el único que piensa esto, debo de estar loco. Pero al conocer a personas como Rowan Williams y Julián Carrón, de repente

---

42 L. Giussani, *Cartas de Fe y Amistad*, Encuentro, Madrid 2010, p. 103.
43 J. Milbank, *Teología y teoría social más allá de la razón secular*, Herder, Barcelona 2004.

sentí que no lo estaba soñando. Descubrí algo realmente importante: que todos tenemos una necesidad extrema de los demás, de un diálogo cercano, eso es lo que me ayuda a aclarar mis ideas confusas. Nos necesitamos de verdad.

WILLIAMS: Creo que en la base de nuestra relación está la creencia común de que la fe es una realidad que nos introduce en un mundo más grande. No solo es más grande que aquel en el que cada uno de nosotros habita, sino más grande que el que puede abarcar el propio lenguaje humano. En mi opinión, lo más importante que puede decirse de la práctica y el lenguaje de la fe es que abre este mundo más grande. Vivimos en un mundo que es «más» de lo que abarcamos. Nosotros mismos somos «más» de lo que sabemos. Y, sobre todo, estamos en relación con un Dios que es «más» de lo que podríamos conocer. Esta conciencia subyace tras la profunda sintonía que experimentamos en nuestro diálogo.

¿De dónde procede esta forma de entender la fe?

WILLIAMS: Cuando era joven, tuve mucha suerte porque hubo profesores y pastores que me comunicaron cómo la fe te permite entrar en un espacio más grande y no más pequeño. Me hicieron pensar en el evangelio cristiano como algo que «abre» el mundo en lugar de cerrarlo. Esta fue una de las cosas que más me ayudaron cuando era adolescente y empezaba a explorar mi sentido de la llamada al sacerdocio: tener gente a mi alrededor que me animara a hacer estos descubrimientos.

TAYLOR: Soy de Montreal. Nací de padre anglicano (no muy practicante) y madre católica (en aquella época todo Quebec lo era). Lo interesante es por qué no llegué a ser como la mayoría de los quebequenses, que tienen un fuerte resentimiento hacia una Iglesia tan autoritaria como la que teníamos en nuestro país. Era una Iglesia que daba órdenes a la gente, incluso se expresaba sobre el número de hijos por familia, etcétera. De repente, en los años sesenta, hubo una rebelión y muchos se marcharon y no quisieron saber nada más de la Iglesia. Estaban llenos de ira.

¿Y por qué no siguió a ese movimiento que movía al resentimiento?

TAYLOR: Ciertamente estaba harto y alienado, pero sucedió algo. Adquirí una especie de fe cristiana no confesional. Al principio formé parte de varios movimientos, como el Movimiento Estudiantil Cristiano, que reunía a gente de diferentes confesiones. Participar en esta coalición me hizo descubrir un movimiento que no solo pertenece a la historia local, sino a todo el universo; un movimiento para la transformación de todos los humanos en seres mucho más admirables, llenos de amor, abiertos, capaces de ayudarse mutuamente. Nace del Evangelio y de la figura de Cristo. Así ocurrió en su momento y sigue ocurriendo hoy.

Y para usted, Carrón, ¿de dónde viene su experiencia de fe?

CARRÓN: Como acaba de decir Charles Taylor, los años sesenta fueron muy difíciles, y el comienzo de los setenta fue un periodo complicado. Vivíamos la época posconciliar, que generó mucha confusión en el seno de la Iglesia. En pocos años, muchos seminarios de España y del resto del mundo se vaciaron. Lo que me hizo quedarme fue la experiencia de una relación única con Cristo. Todavía me sorprende cómo me dejé llevar por Él, hasta el punto de buscarle desde muy joven en una relación personal. No era una relación formal, era algo que conquistaba la vida y el corazón. Luego, en el momento crucial de mi maduración, tuve la suerte de conocer a personas con autoridad que me acompañaron en aquel periodo confuso de la vida de la Iglesia. Nunca tuve la tentación de abandonar el seminario, precisamente por la experiencia de plenitud que vivía.

En aquellos años, sobre todo entre los que estudiábamos teología, un sacerdote que era un referente para muchos de nosotros nos invitó a formar un grupo de seminaristas (como ayuda para evitar la soledad que estábamos experimentando) y a cultivar una amistad que se fue haciendo cada vez más estrecha. Nos acompañábamos en la lectura de algunos textos, estudiábamos juntos, hacíamos viajes, etc. Entablamos una amistad que, una vez convertidos en sacerdotes, continuó: nos reuníamos a comer todas las semanas y quien tenía una idea interesante la proponía, comentando por qué le parecía útil. Luego hablábamos de pastoral, de catequesis para novios o adultos, de liturgia. Todo nos entusiasmaba, era como una explosión de la que nació una amistad; cuando nos enviaron a parroquias pequeñas, empezamos a vivir juntos momentos como las vacaciones, los ejercicios espirituales, los cursos de verano. De esta colaboración nació una especie de movimiento *ante litteram*, en el que los jóvenes —en años en los que era difícil encontrar una experiencia eclesial fascinante— se apegaban cada vez más a una fe vivida que les tocaba profundamente. En ese contexto conocimos a don Giussani: como uno de nosotros había oído que en Italia existía una realidad parecida a la nuestra, llamada «Comunión y Liberación», sentimos el deseo de conocerle. El encuentro con don Giussani fue un paso crucial en el camino de mi fe.

En lo que dice, se aprecia un vínculo entre la experiencia de fe y la experiencia de plenitud. Sin embargo, vivimos en una cultura que concibe estas dos dimensiones como contradictorias. ¿Por qué?

CARRÓN: Nací en la España franquista a principios de los años cincuenta. En aquella situación dominaba la tradición cristiana; la vida de mi pueblo estaba determinada por las cuatro fiestas de los santos más importantes, la misa dominical y la catequesis, que seguía siendo masiva. Pero la práctica estaba marcada por el formalismo y un cristianismo reducido a ética. Se protegían los valores cristianos incluso a través de la ley, pero esto no fue suficiente para mantener viva la fe de la que habían surgido aquellos valores. ¿Qué falló en aquellos años? El hecho de que la doctrina, aunque era transmitida de forma ortodoxa, ya no penetraba en la vida cotidiana, ya no se convertía en experiencia; por eso, ante las sacudidas iniciales del cambio de época que se produjo poco después, la fe de muchos se derrumbó. A falta de razones adecuadas en las que apoyarse, no pudo resistir en un mundo en el que todo cambiaba. Le faltaba la propuesta de una fe a la altura de la razón y la libertad, de una fe capaz de mostrar su pertinencia ante las exigencias de la vida.

TAYLOR: Durante mucho tiempo, las Iglesias de Europa tuvieron una mentalidad que habían absorbido en cierto modo de la Reforma. Era una mentalidad centrada en la pregunta «¿Me salvaré o me condenaré?», con un fuerte énfasis en la posibilidad de condenación. Todo se basaba en lo que les sucedía a los individuos. Existía la creencia de que había una gran estructura esperando allá arriba: cómo encajabas en esa estructura dependía de tu comportamiento en la tierra (si tenías buenos modales, si hacías lo correcto, si obedecías las reglas). En cambio, lo que me conmovió fue darme cuenta de que no se trata solo de la cuestión de quién se condena o se salva; de hecho, me convence mucho la doctrina universalista de pensadores como Hans Urs von Balthasar, que afirma que el infierno está cerrado desde dentro y que, al final, Cristo liberará también a esas personas. Me impresionó la idea de que la fe cristiana animaba este movimiento de la historia, conduciéndonos hacia algo más profundo y mejor. Esto se convirtió en algo central en mi vida y ha seguido siéndolo.

WILLIAMS: El otro problema es la forma en que solemos hablar de realización en nuestro mundo, es decir, en términos de satisfacción de las necesidades propias, tal y como se perciben subjetivamente. La realización se reduce a una cuestión individual. Se entiende como una mera actividad, o aspiración, orientada hacia una meta. Quizá una de las cosas en las que deberíamos insistir es que, si hablamos de Dios, la plenitud es siempre algo más, porque Dios supera todo lo que podamos aferrar.

¿Cómo debemos concebir la plenitud?

WILLIAMS: Creo que una de las tareas que tenemos como cristianos que reflexionan sobre la situación actual es distinguir la idea de plenitud de la de satisfacción. La plenitud a la que estamos llamados no consiste en llenar vacíos; no se trata de satisfacer una necesidad, se trata de ampliar la capacidad de seguir creciendo. Nuestra plenitud corresponde a este tipo de libertad y crecimiento, posibilitados por la Gracia y la visión en la que estamos inmersos a través de ella. En cierto sentido, la idea de plenitud es paradójica para un cristiano, porque hay algo más grande que nosotros mismos en lo que debemos entrar para experimentar la plenitud de Dios. La libertad también tiene un carácter paradójico, porque el animal humano es más libre cuando vive dentro de una dependencia segura, cuando comprende que se le ha confiado la posesión de sí mismo. Esta es una de las realidades fundamentales de nuestra humanidad que olvidamos con frecuencia. Somos más libres en esa dependencia segura, en ese arraigo en un estado de cosas que no proviene del poder y el trabajo humanos, sino que simplemente nos es dado. El hecho de que seamos libres tiene poco que ver con que nos enfrentemos a una multiplicidad de opciones y, en cambio, tiene mucho que ver con el objetivo último, con el encuentro con la verdad y la realidad.

CARRÓN: Estoy muy de acuerdo con lo que dice Rowan Williams. En el contexto actual, palabras tan importantes para nuestras vidas como «realización», «deseo» y «libertad» son a menudo malinterpretadas. Una de las mayores ayudas que podemos ofrecer a nuestros contemporáneos es redescubrir la verdadera naturaleza de estas palabras. Los hombres y mujeres de hoy necesitan experimentar y comprender de nuevo la verdad de quiénes son. Por ejemplo, es crucial que nos ayudemos mutuamente a comprender que el camino hacia nuestra realización en esta vida nunca termina. La experiencia de la plenitud es algo que nos relanza y amplía siempre nuestro deseo. Como dice san Pablo: «No es que ya lo haya conseguido o que ya sea perfecto: yo lo persigo, a ver si lo alcanzo como yo he sido alcanzado por Cristo. Hermanos, yo no pienso haber conseguido el premio. Solo busco una cosa: olvidándome de lo que queda atrás y lanzándome hacia lo que está por delante, corro hacia la meta, hacia el premio, al cual me llama Dios desde arriba en Cristo Jesús».[44]

WILLIAMS: Se piensa en la plenitud como si fuese rellenar un espacio. En cambio, para el creyente la plenitud consiste en crear un espacio, en abrir un lugar donde Dios pueda ser real. Y si creo un espacio para que Dios sea real, así es como yo también me hago real. Y aquí es donde entran en juego la práctica del silencio y la contemplación. Lo que a primera vista parece

---

44 Flp 3,12-14.

la cosa menos satisfactoria imaginable (arrodillarse y no pensar en nada en particular) es, en cambio, la puerta de entrada a la vida. En el corazón de muchos problemas está el deseo de ser nuestro propio creador. Nos gustaría ser nuestros propios amos. Nos gustaría tener la responsabilidad de crearnos literalmente a nosotros mismos según nuestra voluntad. Pero el hecho biológico, psicológico y sociológico es que estamos hechos. Nunca dejamos de ser creados. Nunca dejamos de recibir. Somos seres receptores. Crecemos porque nos alimentan, no porque hayamos decidido crecer. Me resulta imposible realizar cualquier proyecto humano si mi planteamiento es el de la autocreación. Solo es posible realizar proyectos cuando acepto ser alimentado, ser completado, ser realizado por otros. El modelo del cuerpo de Cristo en el Nuevo Testamento (según el cual cada uno de nosotros da y al mismo tiempo recibe los dones del Espíritu) nos dice que un individuo está dotado de los dones del Espíritu para compartir el Espíritu. La comunidad auténtica no se crea solo a través de la solidaridad, compartiendo las mismas perspectivas, etnia o creencias. En realidad, se trata de la intensa labor mutua de ayudarnos unos a otros a «ser humanos» porque, abandonados a nosotros mismos, no seríamos capaces de hacerlo.

TAYLOR: Hay una profunda instancia ética que forma parte de toda la experiencia religiosa y que se refiere a la cuestión de qué significa «ser humano». ¿Cuál es la verdadera realización del hombre? No sé realmente qué palabra utilizar, pero veo en todos una especie de «hambre» que nos impulsa a ser personas más elevadas, mejores, más plenas. Todos sentimos que nos falta algo, que nos falta un propósito en la vida. Hay cosas que deseamos y otras que anhelamos; pienso en la palabra alemana *Sehnsucht*, utilizada por grandes poetas como Rainer Maria Rilke. Hay cosas que anhelamos, pero que parecen estar más allá y fuera de la vida.

En nuestro tiempo, ¿aún hay espacio para esta nostalgia última?

Taylor: Esta es la extraña situación en la que nos encontramos. Nuestra cultura parece estar en contra del sentido de la presencia de algo más grande, de Dios, etcétera. En cambio, se centra en lo que podemos controlar. Pensemos en las pandemias. Las anteriores (por ejemplo, la peste negra en la Europa del siglo XIV, y ocurre lo mismo en otras partes del mundo) se interpretaban como un terrible castigo que Dios enviaba por los pecados cometidos. Para nosotros es incomprensible que la pandemia sea algo que de alguna manera debemos soportar y con lo que debemos vivir. Hoy es diferente. Alrededor del siglo XVIII se instauró la práctica de controlar las epidemias estableciendo cuarentenas, impidiendo que la gente viajara e imponiendo «encierros».

Hoy en día pensamos que podemos controlar el mundo y hacer casi cualquier cosa, que podemos crear mejor tecnología que nos permitiría hacerlo todo. Vivimos en lo que he llamado un «marco inmanente». Vemos la realidad que nos rodea como algo que hemos heredado de nuestros predecesores y que no tiene ningún fin o propósito intrínseco. El mundo sería simplemente un lugar en el que trabajamos. Volvamos al famoso ejemplo de Descartes, que estableció una distinción entre mente y cuerpo: en su opinión, el cuerpo es solo algo «heredado» y con lo que podemos hacer lo que queramos, siempre que (hoy podríamos añadir) encontremos la tecnología adecuada. El cuerpo está «ahí» y no nos dice nada, no nos habla de la gloria de Dios.

¿Así que la gente ha olvidado por completo su deseo de realización?

Taylor: En absoluto. Aunque la postura del no creyente convencido sea: «Supéralo, tus deseos te llevarán por mal camino, no harás lo correcto. Olvídalo, tómate una pastilla, vete a la cama y olvídalo», mantener esta opinión no es posible para nadie a largo plazo.

Williams: El deseo es ineludible, casi diría que es eterno. No estoy del todo seguro; sin duda es un aspecto constante de nuestro crecimiento, porque como criaturas siempre nos falta algo. Esta experiencia de la carencia está muy presente en el Evangelio y, en general, en las tradiciones espirituales: la satisfacción del deseo no consiste en el ansia desesperada de que nos rasquen por un picor o nos resuelvan un problema, sino en la esperanza generada, de algún modo, por la propia carencia. Thomas Stearns Eliot afirma que el deseo consiste en la expansión del amor más allá del deseo mismo: siempre conduce al amor, a un apetito lleno de expectativas y deseoso de conocer la verdad de la realidad. Lo cual, por supuesto, nos lleva a pensar en la libertad. Y la que cuenta más es precisamente la libertad de crecimiento, la que abraza la dimensión ilimitada del deseo, que no se detiene.

Carrón: A este respecto me viene a la mente una experiencia de Cesare Pavese. En la cumbre del éxito, tras recibir el Premio Strega, escribió el 14 de julio de 1950: «En Roma, apoteosis. ¿Y qué?».[45] Era como si se hubiera hecho realidad lo que él mismo había apuntado muchos años antes en su diario: «Hay algo más triste que fracasar en los propios ideales: haber triunfado»[46] (18 de diciembre de 1937). Rowan Williams tiene razón cuando establece una relación entre deseo y libertad. En efecto, ¿cuándo me siento libre? Cuando estoy satisfecho por el cumplimiento de un deseo. Así pues, la libertad consiste en la satisfacción del deseo. La cuestión es que nuestro deseo, paradójicamente, no

---

45 C. Pavese, *El oficio de vivir*, Seix Barral, Barcelona 1992, p. 290.
46 *Ibid.*, p. 108.

tiene límites. «¿De qué es ausencia es esta ausencia, corazón, que de golpe te llena?»,[47] se pregunta el poeta italiano Mario Luzi. «No poder estar satisfecho por cosa terrena. Ni siquiera, por el mundo entero. Considerar la inmensidad inabarcable del espacio, el número y la mole de estrellas y encontrar que todo es poco, pequeño para la capacidad del alma. No poder saciarse de ninguna cosa terrena [...] y encontrar que todo es poco y mezquino para la capacidad de la propia alma»,[48] escribe Leopardi, del que antes hablaba.

¿Quién puede llenar el alma? Este es el drama de la vida humana: ¿quién es capaz de satisfacer el deseo infinito que el hombre encuentra dentro de sí?

Vivimos en un contexto histórico y cultural en el que existen muchas concepciones contradictorias de la libertad. ¿Cómo debemos entender un aspecto tan importante de nuestra experiencia humana?

Williams: Podemos pensar en la libertad al menos en tres niveles. El primero es el más inmediato para muchos hoy: es la libertad de adquirir, de tener. En ese sentido, necesito tener la libertad de conseguir y conservar lo que quiero. Muchas personas, sin embargo, cuando se les pide que reflexionen más, reconocen: «Bueno, eso no puede ser todo». La realización adecuada de la libertad no puede consistir en ser un mero consumidor. Y entonces la gente empieza a hablar de la libertad de ser quienes realmente son. Creo que, muy a menudo, se trata de una cuestión seria desde el punto de vista moral. ¿Tengo la libertad, en este contexto social, de ser realmente quien creo que soy?

---

47 M. Luzi, «Di che è mancanza questa mancanza», vv. 1-5, en Íd., *Sotto specie umana*, Garzanti, Milán 1999, p. 190.
48 G. Leopardi, *Zibaldone*, Gadir, Madrid 2010, p. 217.

Plantearse esta pregunta es un paso adelante. Pero yo diría que aún no es la última palabra: si estamos hechos a imagen de Dios, ser humano significa también ser libre para donar y dar vida. Así que diría que el concepto más completo de libertad, el que tiene más sentido para nosotros como seres humanos, se refiere a cómo creamos, alimentamos y protegemos la vida. Se trata de la libertad de dar vida. Me pregunto si no es algo en lo que, como cristianos, deberíamos insistir más. Sería bueno hablar no solo de la libertad de tener, ni siquiera de la libertad de ser, sino también de la libertad de vivir la imagen divina que hay en nosotros, es decir, de dar vida. Creo que si insistiéramos más en este tema quizá más gente de la que cabría esperar podría unirse en torno a la idea de que la libertad última, la libertad humana verdaderamente significativa, es la libertad de dar vida a los demás. Juan Pablo II dijo que vivimos en una «cultura de muerte».

Hay quienes se oponen a esta afirmación y piensan que es un poco melodramática. En mi opinión, sin embargo, es un buen recordatorio, una llamada de atención. Nos recuerda que realmente necesitamos entender la libertad humana de una manera más completa y arraigada, debemos comprender en qué consiste la auténtica libertad: esa libertad generativa y creativa que recibimos de Dios y ejercemos a imagen de Dios.

TAYLOR: Hay algo paradójico en lo que ha subrayado Rowan Williams. La verdadera libertad tiene poco que ver con la elección. Es cierto que existe la necesidad de crear las condiciones previas al ejercicio de la libertad, como —por ejemplo— liberarse del yugo de una potencia extranjera o de un poder dictatorial. Pero la libertad más decisiva es la que solo se pone en juego a la luz de un «sentido de la necesidad». En lo más profundo de mi naturaleza, estoy llamado a ser un determinado tipo de persona. Estoy llamado. Y así, paradójicamente, la libertad no es solo una elección. Apenas es una cuestión de elección, puesto que soy yo quien es elegido en lo más profundo. En el fondo, la verdadera libertad consiste en una dimensión «llamada», «atraída» por Dios.

WILLIAMS: Pensemos en una experiencia que nos proporcione alegría, por ejemplo cantar en un coro, tocar un instrumento en una orquesta o banda, o jugar en un equipo deportivo. En estos círculos, cada individuo está realmente limitado por la gente que le rodea. Si estoy en un coro, no puedo cantar lo que me dé la gana: si se trata de una interpretación de la *Misa en si menor* de Bach, no servirá de nada cantar obras de Wagner, aunque me encante Wagner. La integridad, la alegría y la libertad de cantar juntos dependen del sentido común de lo que se acepta y se trabaja. A menudo reducimos la libertad a poder elegir, pero la libertad tiene que ver con nuestra energía, con lo que surge en nosotros, con lo que nos hace sentir intensamente vivos. Y esto es algo muy diferente a tener muchas opciones. Es lo que se diría de la experiencia de comprometerse con un compañero de vida en el matrimonio o en una vocación: es una liberación de energía más allá de la mera elección.

En nuestra cultura, obsesionada con la elección, la autonomía y la autodeterminación (que no son cosas malas en sí mismas, pero que hoy se exageran), la gente pierde la experiencia de la libertad y no acepta el reto de encontrar esa libertad que es simplemente la liberación de energía. Creo que aquí es útil un poco de teología: Dios es libre, en el sentido de que nadie le ata ni le obliga a nada. Dios es libre, es pura acción, y esta libertad es simplemente liberación de energía. No tiene que elegir. Dios es libre de ser Dios, de dejar que la energía de la vida divina fluya. Cuanto más nos acercamos a Dios, más nos acercamos a la idea de que lo verdaderamente libre no es lo que elegimos, sino lo que surge y fluye de forma natural a través de nosotros. Yo diría que una imagen tridimensional de la libertad requiere ese sentido de crecimiento hacia una condición en la que nuestra libertad no consiste en lo que estamos destinados a hacer o en lo que elegimos hacer. La libertad surge en nosotros, sucede en nosotros, porque estamos en relación con el coro, por utilizar la imagen de antes.

CARRÓN: Creo que el cristianismo, amando la libertad, solo puede enriquecerse. Para entender esto debemos reflexionar sobre qué es la libertad, y para saber cuál es la naturaleza de la libertad debemos partir de la experiencia que tenemos cuando somos libres. ¿Qué es la libertad? ¿Qué puede hacernos libres? ¿Qué tipo de experiencia estamos llamados a vivir para no someternos a las sirenas del poder o a los caprichos del primero que pasa por la calle? Repito lo que decía antes: uno experimenta la libertad cuando ve cumplido su deseo. ¿Cuál es la gran pregunta? Puesto que el deseo humano es ilimitado, no tiene fronteras, ¿qué puede hacer al hombre verdaderamente libre? O experimentamos una plenitud que nos haga libres del poder, o siempre estaremos tentados de someternos a él para disfrutar de algunas migajas que nos ofrece como alternativa a la verdadera libertad. Esta es la elección que cada hombre debe hacer. Porque no basta con gritar «¡libertad, libertad!» para ser libres. Ni basta con que otro me prometa que seré libre sometiéndome. Nuestro corazón no se doblega ante nada, porque es irreductible. Solo una experiencia de correspondencia, de plenitud, nos hace verdaderamente libres del poder, en cualquier ámbito: desde el poder en el trabajo hasta el poder en la familia, en la Iglesia, en determinadas circunstancias, en cualquier situación en la que el hombre sea interpelado. En ciertas situaciones, es fácil pensar que somos libres. De hecho, al final, muchas veces, solo somos libres en nuestra pequeña habitación, donde nadie nos molesta. El problema es ser libre viviendo en la realidad, donde los desafíos son muy grandes. Por eso, o se tiene una experiencia real y verdadera de plenitud o siempre se estarán persiguiendo las migajas, caigan de la mesa que caigan.

TAYLOR: Siempre me ha conmovido profundamente lo que escribe Fiódor Dostoievski en *Los hermanos Karamazov*.[49] En este texto, Iván le cuenta a su hermano la leyenda del Gran Inquisidor. Y muestra claramente que la fe cristiana no es algo que coarte la libertad, obligándote a hacer lo correcto cuando te gustaría hacer otra cosa o enjaulándote dentro de ciertos límites. La fe no tiene sentido si no surge de lo más profundo de tu ser. La libertad es esencial para el cristianismo. Si la fe se reduce a que alguien te diga: «Esto no está permitido, esto no está bien, esto no es verdaderamente cristiano, tienes que seguir todas estas reglas», si la fe no tiene que ver con el sentimiento profundo de una transformación a la que Dios te llama, no puedes vivir un cristianismo auténtico. Por desgracia, vivimos en un mundo en el que, muy a menudo, las grandes Iglesias, la *Umma* en el caso de los musulmanes, y las grandes comunidades en general, se basan en un sentido muy fuerte de la disciplina, en el cumplimiento de las reglas. Si se tiene miedo a la vida existe la tentación de ceder al poder, como describió Dostoievski en aquel famoso pasaje. Y hay muchos «Grandes Inquisidores» por ahí. Hay varias fuerzas e instituciones que hacen promesas como: «Te protegeré del pecado. Te protegeré del error, si tan solo sigues estas reglas y tratas de vivir de acuerdo con estas normas». Pero debemos liberarnos de ese yugo.

Sin embargo, a lo que me refiero no es a una noción «negativa» de libertad que afirma: «Nadie tiene que decirme lo que tengo que hacer». Esta idea de libertad (por la que nadie me dice lo que tengo que hacer) es distinta de la que estoy describiendo porque, en este caso, no hay sentido de una llamada, o la llamada se reduce a algo puramente interno. Si, por el contrario, se percibe una llamada a una especie de humanidad más

---

49 F. Dostoievski, *I fratelli Karamazov*, BUR, Milán 2003. [*Los hermanos Karamazov*, Alianza Editorial, Madrid 2021].

profunda, entonces esa impresión debe incluir un sentido de lo que uno debe a otros seres humanos y al tipo de relación que debe tener con ellos. La libertad que subyace tras la fe cristiana consiste en seguir una llamada más poderosa, mientras que la libertad negativa no parte de una llamada.

CARRÓN: El poder, entendido como laicismo o como clericalismo, siempre intenta convencernos de que estaríamos mejor si renunciáramos a nuestra libertad. Es como si quisiera hacernos la vida más fácil: «Si renuncias a la libertad evitas riesgos, evitas cometer errores... y no te complicas la vida. Mejor descargar ese peligro en otra persona». El poder se alegra de ello. La genialidad de Dostoievski consiste en desenmascarar de una vez por todas la mentira del poder, revelando la capacidad de sugestión que puede tener sobre nosotros cuando nos enfrentamos a los riesgos de la vida. Siempre recordaré una frase de Charles Péguy citada por don Giussani: «Una salvación que no fuera libre, [...] ¿qué significaría?».[50] ¿Seguiría siendo salvación? Esto dice hasta qué punto es engañosa la propuesta de poder que Dostoievski ha puesto de manifiesto.

Me parece interesante que hayan utilizado palabras de poetas y escritores para describir aspectos fundamentales de la experiencia humana como la libertad, la satisfacción y el deseo.

CARRÓN: Estoy convencido de que la poesía, la literatura y la música tienen la capacidad de expresar los sentimientos más íntimos del ser humano, con una belleza y una precisión que me conmueven y que no encuentro en ningún otro lugar. Dicen

---

50   Ch. Péguy, «El misterio de los Santos Inocentes», *Los tres misterios*, Encuentro, Madrid 2008.

de una manera hermosa lo que siento vibrar dentro de mí; por eso, en lugar de utilizar mis propias palabras, prefiero tomar prestadas las de ciertos autores. Lo comunican de una manera tan singular que se me queda grabado en la memoria. Y me sorprendo muchas veces repitiendo poemas o textos de Giacomo Leopardi, Antonio Machado, Rainer Maria Rilke o Eugenio Montale, porque no encuentro palabras más adecuadas para expresar lo humano. El arte hace vibrar toda la experiencia humana: una canción, un poema, un cuadro despierta en nosotros nostalgias y alegrías que no experimentaríamos de otro modo. Por eso me gusta tanto la afirmación de que la belleza es el esplendor de la verdad.[51] El arte es una búsqueda que intenta expresar toda la belleza, y el poeta, el escritor o el músico, para poder comunicar todo lo que vibra en su alma, desarrolla esta capacidad. Esta belleza siempre me ha parecido crucial, y esto me quedó aún más claro cuando leí a Balthasar: «En un mundo que ya no se cree capaz de afirmar la belleza, también los argumentos demostrativos de la verdad han perdido su contundencia, su fuerza de conclusión lógica. Los silogismos funcionan como es debido, al ritmo prefijado, a la manera de las rotativas o de las calculadoras electrónicas que escupen determinado número de resultados por minuto, pero el proceso que lleva a concluir [estos razonamientos, estos silogismos] es un mecanismo que ya no convence a nadie y la conclusión misma ni siquiera concluye nada».[52] Esto ocurre porque, como afirma Balthasar, «si el *verum* carece de ese *splendor* [esplendor] que para Tomás constituye la marca de la belleza, entonces el conocimiento de la verdad sigue siendo a la vez pragmático y formalista»,[53] y esto no puede fascinar a nadie. Por eso

---

51 Cf. Tomás de Aquino, *Scriptum super Sententiis*, I, d. 3, q. 2, art. 3.
52 H. U. von Balthasar, *Gloria. Una estética teológica*, vol. 1. *La percepción de la forma*, Encuentro, Madrid 1985, p. 23.
53 *Ibid.*

comprendo cada vez mejor por qué don Giussani revolucionó el modo de comunicar la fe utilizando todos los instrumentos que la belleza ponía en sus manos: la poesía, la música, la naturaleza, llevando a sus alumnos a las más bellas montañas italianas, como los Dolomitas, para hacer vibrar las fibras más íntimas de su humanidad, para que comprendieran quién es Cristo, es decir, Aquel que todo lo da multiplicado por cien.

WILLIAMS: El lenguaje poético es muy singular porque quiere ser, a su manera, extremadamente preciso. La gente piensa que ese lenguaje es algo vago o impresionista, pero en realidad no es así: es una verdadera disciplina que requiere concentración, y hay que encontrar el término adecuado, que desde luego no es el que uno utilizaría si estuviera hablando en un debate. Hay que intentar que las palabras conecten, crear formas con ellas, dejar que sean libres, entrelazándose e impactando entre sí, re-inventándose de tal modo que, en última instancia, produzcan algo más. Así pues, la característica de la poesía no es que tenga un lenguaje diferente, sino que lleva ciertos aspectos de la expresión humana a su límite más extremo. Todas aquellas dimensiones del lenguaje que tienen que ver con la apertura de una nueva perspectiva, de un espacio diferente, me resultan muy interesantes y estimulantes. La poesía lo hace de una forma extremadamente intensa e intencionada; poder entrar en ese estado mental de pensar, escribir y hablar es un reto, un esfuerzo, pero también una especie de celebración y liberación. Uno busca la manera de que las palabras que utilizamos revelen algo de la sorprendente profundidad y complejidad de lo que tenemos ante nosotros.

TAYLOR: La música, la poesía y las novelas han tenido un gran impacto en mí. Ya he mencionado a Dostoievski y *Los hermanos Karamazov*. A veces, al leer, surge una nueva intuición sobre algo y esta cobra nueva vida. Pienso, por ejemplo, en la descripción que hace Dostoievski del gran *stárets* Zosima. Es tremendamente consciente de cómo todo el universo que nos rodea habla siempre al hombre, y cómo debemos abrirnos a este diálogo. Cuando Zosima pronuncia su famoso discurso a Aliosha, cuenta cómo su hermano tuvo la maravillosa visión de descubrir cómo habla el mundo entero; estar en sintonía con el mundo es una forma de abrirse a Dios. Lo más significativo de esta novela es que hay una especie de sucesión apostólica en la que la visión se transmite del hermano Markel a Zosima, de Zosima a Aliosha, de Aliosha a todos sus hermanos, a Grušenka y así sucesivamente. Es una imagen de la Iglesia cristiana en movimiento a través de la historia. Es un milagro, porque Dostoievski tenía muchas convicciones terribles (era un nacionalista ruso, antisemita y antipolaco, lo que hace que me resulte muy difícil apreciarlo plenamente). Sin embargo, tuvo una visión increíble que comunicó en sus obras de una forma brillante.

CARRÓN: Comentando *Romeo y Julieta*, de William Shakespeare, don Giussani observa que «la atracción que ejerce cualquier belleza sigue una trayectoria paradójica: cuanto más bella es, más remite a otra cosa distinta».[54] La belleza es algo que, por su naturaleza, facilita una introducción a la raíz de la realidad, que de otro modo se nos escaparía. Es como si, utilizando estas palabras de C. S. Lewis, todo nos dijera: «Yo no soy yo. Solo soy un recordatorio. ¡Mira! ¡Mira! ¿Qué te estoy recordando?».[55] Se trata de una expresión imponente, que no puede dejarnos indiferentes; nos lleva al umbral de lo absoluto, algo que no puede hacerse con cualquier palabra. Por eso los genios, tanto de la literatura como de la música, tienen el don, que don Giussani llamaba «profético», de introducirnos en una profundidad de la realidad que, de otro modo, permanecería desconocida para muchos.

---

54 L. Giussani, *El sentido religioso*, vol. I, Encuentro, Madrid 2023, p. 188.
55 C. S. Lewis, *Cautivado por la alegría*, Encuentro, Madrid 2016.

TAYLOR: Estoy totalmente en contra de la característica de la cultura moderna que llamo «excarnación». Me refiero, en particular, a muchos puntos de vista o formas de entender la ética del bien y del mal. La gente cree que hay que ser racional, y con esta palabra se refieren a no dejarse llevar por las emociones, sino por algún razonamiento «duro» e impasible. Por mi parte, sin embargo, siempre he visto que los descubrimientos más importantes de los hombres son los que se hacen a través de todo su ser, no solo con la razón separada del resto.

El término utilizado en el Nuevo Testamento para hablar de cuando Jesús sintió piedad o compasión es una palabra que en griego se relaciona con las entrañas: uno se conmueve a ese nivel. Todo mi trabajo filosófico ha tratado de entender al ser humano como sujeto encarnado, contrariamente a la filosofía dominante en el mundo anglosajón, que era «excarnada», preocupada por la razón. No debía dejarse influir demasiado por lo emotivo o por la manera de estar en el mundo. Lo que mantiene viva mi fe es el sentir de este movimiento, que se experimenta con todo el ser. Esto me ha hecho más católico porque considero que en el catolicismo, en un sentido amplio (no me refiero solo a la Iglesia católica romana), se posee una sensación muy fuerte de cómo la Gracia atraviesa toda la persona, incluido el contacto físico (piénsese, por ejemplo, en los elementos materiales presentes en los sacramentos).

¿Por qué cree que es tan importante resistirse a la tendencia contemporánea hacia lo que usted denomina «excarnación»?

TAYLOR: Estoy enormemente agradecido al papa Francisco para su encíclica *Laudato si*. En ella muestra hasta qué punto la «excarnación» está relacionada con una actitud tecnológica hacia el mundo, que ha permitido enormes logros pero que está destruyendo cada vez más nuestro planeta, haciéndolo menos habitable. Cuando camino por el bosque y veo una puesta de sol o el sol reflejado en el agua, pienso en muchos momentos de mi vida; es una especie de ir y volver, un eterno y continuo retorno. Me saca del presente inmediato y me lleva a una dimensión más amplia. Este es un aspecto muy importante para dar sentido al mundo que nos rodea y del averiguar qué nos inspira. Nos hace percibir una perspectiva más profunda. Es así. Por eso mi mujer y yo vivimos ahora en el campo: porque nos devuelve cierta energía y sentido del hilo continuo que recorre no solo toda nuestra vida, sino también la de los seres humanos que nos han precedido y que nos sucederán.

Por otra parte, la mirada tecnológica contrasta con la experiencia de asombro que sentimos cuando entramos en un bosque antiguo, donde estamos rodeados de formas de vida increíblemente complejas. Uno se encuentra con un movimiento muy poderoso que está en marcha y que nos abraza; es inevitable tener cierta sensación de sobrecogimiento y asombro: «¿Cómo encajo yo en todo esto?». Podemos tener dos reacciones al contemplar el Amazonas: verlo como un magnífico bosque primigenio, o verlo como una fuente de madera que hay que talar por completo. Sin embargo, si no volvemos a la primera posición (la que se caracteriza por el asombro) y hacemos que vuelva a ser poderosa para nosotros, no podremos parar los cambios climáticos que harán la vida imposible para la población actual. En la tremenda resistencia a las diversas medidas para combatir las causas del cambio climático, emerge que la posición tecnológica para los seres humanos es central. Tenemos que superarlo; es un cambio espiritual que tiene que apoyar un cambio de rumbo político que nos permita seguir viviendo.

WILLIAMS: Estamos llamados a desarrollar una nueva forma de relacionarnos con toda la creación. Aunque algunas formas de cristianismo no han sido especialmente útiles para establecer una relación adecuada con el entorno natural, es cierto que la visión subyacente del cristianismo refleja la convicción de que el propio mundo contiene, porta, comunica la acción de Dios. Esto es lo que querían decir algunos de los primeros teólogos griegos cuando afirmaban que el *logos* (la lógica, la estructura de todas las cosas) tiene sus raíces en el único *Logos*, la palabra eterna de Dios. Y esto es algo que siempre ha tenido mucho sentido para mí, desde que me topé con esta idea cuando era estudiante. El mundo que nos rodea nos atrae porque es una especie de regalo.

CARRÓN: Estos comentarios tuyos me hacen pensar en un amigo de São Paulo (Brasil) que acompañó a un grupo de brasileños y mozambiqueños de vacaciones en Italia a ver el Mont Blanc. Por el camino iban todos charlando, distraídos con las cosas de siempre. Este amigo, consciente de la belleza de aquella montaña, quería ayudarlos a estar ante semejante espectáculo y pensó: «Cuando lleguemos les diré que se callen». Pero no hizo falta porque, ante aquellas cumbres, antes de que él dijera nada, todos se sorprendieron y dejaron de hablar. Como algunos se habían quedado atrás y seguían charlando, mi amigo seguía pensando en cómo hacerles callar, como si no hubiera aprendido nada de lo que había pasado con el primer grupo. Cuando llegaron los últimos, reapareció el silencio. ¿Qué despertó su asombro? La grandeza de una belleza que cautivó a todos. En este punto surge la pregunta: ¿Puedo confiar en la experiencia? Si no puedo confiar en ella, ¿en qué puedo confiar? La cuestión es si, cuando tocamos esas «cumbres» de lo humano, estamos dispuestos a someter la razón a la experiencia, como afirma Jean Guitton.[56] Porque es ahí, ante un espectáculo

---

56 «"Razonable" es quien somete su razón a la experiencia». Cf. Jean Guitton, *Nuevo arte de pensar*, Encuentro, Madrid 2000, p. 85.

tan imponente, donde el hombre se sorprende, alcanzando una intensidad que tal vez ni siquiera sabíamos que existía. Confiar es un gesto de libertad. Y los que estaban allí podían haber dicho: «Todo era una ilusión», o podían reconocer que en ese momento experimentaron una intensidad de vida que ningún proyecto podría haber generado.

Usted insiste mucho en la importancia de nuestra humanidad. ¿En qué sentido?

CARRÓN: La experiencia es la herramienta para interceptar lo verdadero. Don Giussani tituló uno de sus libros *El camino hacia la verdad es una experiencia.*[57] Aquel que nos ha creado nos ha «lanzado» a la comparación universal con todo lo que encontramos en el camino, dotándonos de ese criterio del que hablábamos antes y que Ernesto Sábato llamaba «nostalgia», es decir, esa necesidad última de sentido que él sentía vibrar en su interior. Pensemos en cómo podemos interceptar, entre muchos rostros, el de la persona amada: ese rostro preciso desencadena la experiencia de una correspondencia precisamente porque es ella y no otra. En el encuentro cristiano, esta dinámica se agudiza de forma extrema, como vemos en Juan y Andrés, los dos primeros en encontrarse con Jesús. Les bastó la experiencia de una correspondencia aquella tarde para reconocer que era Aquel a quien todos esperaban desde hacía siglos. Nos damos cuenta de ello cuando nos encontramos con «esa» persona: «Ahora comprendo a qué tendía, qué esperaba».

---

57 L. Giussani, *El camino a la verdad es una experiencia*, Encuentro, Madrid 2007.

Si la fe «depende» tanto de la experiencia de cada uno, ¿no co-rremos el riesgo de caer en una forma de subjetivismo?

CARRÓN: Esta pregunta ha sido crucial en mi vida. De hecho, lo que me fascinó del movimiento Comunión y Liberación fue captar el alcance que para don Giussani tiene la experiencia en relación con la realidad. Afirma que «el punto de partida es la experiencia [...] la realidad de la que tomas conciencia o que pruebas —es decir, que te toca, te golpea, te afecta (*affectus*)— hace que salten los criterios del corazón, y estos «son infalibles (infalibles como criterios, no como juicios: puede haber una infalibilidad mal aplicada)».[58] La experiencia despierta tu corazón, que antes estaba confuso y dormido; te despierta a ti mismo. El criterio de juicio sobre la experiencia reside en la experiencia misma. Si no fuera así, el hombre estaría alienado, pues dependería de otros que no son él mismo para juzgarse a sí mismo.

En cuanto a la objeción sobre una posible interpretación subjetiva del corazón humano, respondo que el criterio para juzgar es inmanente a la estructura originaria de la persona. Lo encontramos en nosotros mismos como aspecto constitutivo de nuestra dimensión ontológica. Lo que don Giussani denomina «corazón» no lo podemos manipular; se encuentra en nosotros, pero —al no haberlo creado nosotros y participar de la naturaleza divina— no lo podemos manipular. El criterio fundamental con el que se aborda la realidad es el criterio objetivo con el que la naturaleza lanza al hombre a la comparación universal, dotándole de ese núcleo de evidencias y exigencias originarias de verdad, bondad, belleza y justicia que actúan como «detector» para reconocer lo que en la experiencia les corresponde o no. La experiencia, dice don Giussani, es una unidad vital que

---

58 L. Giussani, *Se puede (verdaderamente) vivir así? La fe*, Encuentro, Madrid 2023, p. 81.

no comprende solo el encuentro con la realidad exterior a mí, sino también el hecho de que esa realidad distinta de mí suscita y exalta el criterio con el que me la encuentro, soy tocado por ella y la juzgo. El impacto con la realidad despierta el criterio del corazón: la comparación constante entre estas dos dimensiones (el experimentar y el conjunto original de evidencias y exigencias) constituye el núcleo mismo de la experiencia, que incluye por tanto la dimensión ineludible del juicio. En la experiencia del amor esto es espectacular, porque nadie exalta la necesidad de amar y ser amado más que el amado. Y al mismo tiempo uno se da cuenta de hasta qué punto esa presencia remite más allá, porque no es suficiente para cumplir toda la promesa que suscita en quien la ha encontrado. La experiencia así concebida es ciertamente personal, pues interpela el yo individual, pero no es subjetiva, ya que implica el ejercicio de un criterio universal que caracteriza el corazón de todo hombre en su encuentro con la realidad. En este sentido, representa el instrumento más decisivo para el conocimiento. Como en cualquier esfera del conocimiento (empezando por la ciencia), también en el ámbito existencial puede ocurrir que se emitan juicios equivocados: el error, como ya se ha subrayado, se convierte en un factor importante para un conocimiento más adecuado de la realidad. Sin embargo, no invalida la objetividad del criterio, sin la cual, además, ni siquiera sería posible reconocer el error como tal.

Para mí, esta toma de conciencia fue crucial porque, desde que conocí a don Giussani y percibí el valor de tal método, pude recorrer un camino humano: en todo lo que me sucedía, fuera bello o feo, agradable o desagradable, siempre podía percibir si se ajustaba o no a las necesidades de mi corazón, juzgando y descubriendo la verdad o la falsedad de lo que me encontraba. Por eso me empeño en introducir a mis alumnos, o a las personas con las que tengo el placer de caminar, en la familiaridad con la experiencia, para que esta no se reduzca a una reacción subjetiva o sentimental, que no hace crecer a la persona.

Sin recorrer un camino que haga crecer a la persona, al fin y al cabo, «perdemos la vida viviendo», parafraseando a T. S. Eliot.[59]

Julián Carrón ha mencionado varias veces su deuda con Luigi Giussani. Rowan Williams y Charles Taylor, ¿cuáles han sido las figuras que, a lo largo de su vida, han acabado marcando su identidad?

WILLIAMS: Soy sacerdote. Soy cristiano, ante todo. He sido profesor la mayor parte de mi vida y he enseñado no solo como conferenciante, sino también como obispo. Diría que en el núcleo de lo que soy está el intento de comunicar la fe. Y he sido poeta desde los veinte años. Veo mi condición de poeta como parte de la búsqueda en la que me comprometí como comunicador y profesor, pero también como creyente y sacerdote. Cuando era estudiante (investigaba y me preparaba para la ordenación sacerdotal) tuve la suerte de conocer a personas muy importantes y experimentadas, como la madre superiora de una comunidad religiosa anglicana, que me enseñó mucho sobre mí mismo y sobre Dios; como un monje benedictino católico, con el que mantuve correspondencia durante muchos años. Ambos desempeñaron un papel esencial en mi formación. No puedo dejar de mencionar la importancia de la familia y los amigos: fue crucial para mí casarme con alguien que compartiera tanto mis intereses teológicos e intelectuales como mi compromiso con la vida de la Iglesia.

TAYLOR: Tuvimos mucha suerte en Quebec, porque la teología que más tarde constituiría el fundamento del Concilio

---

59 «¿Dónde está la vida que hemos perdido en vivir?». T. S. Eliot, *Coros de «La roca»*, cit. p. 37.

Vaticano II fue creada principalmente por teólogos jesuitas y dominicos franceses. Los jesuitas y los dominicos de Quebec estaban en estrecho contacto con sus hermanos de Francia. De este modo, teníamos acceso a toda la reflexión teológica, justo cuando era cuestionada por el Vaticano y estas personas eran puestas en duda de diversas maneras. En aquella época nadie tenía la menor idea de que se celebraría un nuevo Concilio, ni de que tendría algún efecto en la vida de la Iglesia. No nos importaba. Simplemente nos conmovía mucho lo que leíamos.

CARRÓN: Debo reconocer que, cuando era joven, también tuve la suerte de entrar en «contacto» con algunos de los grandes pensadores que habían propiciado la renovación que estalló en el Concilio. Pienso en Romano Guardini, Henri de Lubac, Hans Urs von Balthasar, Jean Daniélou y otros. Estos autores me abrieron la posibilidad de caminar por la vía que nacía de la novedad conciliar, permaneciendo al mismo tiempo anclado en la sólida herencia de la tradición cristiana. Esto nos permitió, a mí y a mis compañeros de seminario, atravesar el periodo posconciliar viviendo una experiencia cristiana tan plena que inmediatamente comunicamos esa novedad en nuestra pastoral. Todavía recuerdo el lema que elegí para mi ordenación, que era una frase de san Pablo: «A mí [...] se me ha concedido esta gracia: anunciar [...] las impenetrables riquezas de Cristo».[60]

¿De dónde le vino la idea de hacerse sacerdote?

CARRÓN: Soy hijo de campesinos que vivían en una región pobre de España, Extremadura, y tuve la gracia de llegar a ser

---

60   Ef 3,8.

cristiano. Nací en un pueblo llamado Navaconcejo, en un valle lleno de cerezos: cuando florecen son un espectáculo, tanto que viene gente de toda España a verlos. El valle se cubre de blanco por el color de las flores. Mis padres eran agricultores inmersos en la religiosidad de la España de los años cincuenta. Pasé mi infancia en este contexto de devoción popular. La fe de mi padre era sobria y elemental, mi madre estaba más implicada en la vida de la Iglesia; desde el principio participé en esta vida, primero como monaguillo, y a partir de ahí mi vocación fue floreciendo poco a poco. Cuando alguien me pregunta cómo es posible tener vocación siendo tan joven, siempre respondo: «Aunque la semilla es pequeña, no por eso es menos verdadera». Enseguida tuve una intuición clara de lo que me atraía y cuando llegué a la edad de entrar en el seminario, me fui a Madrid.

WILLIAMS: Es conmovedor oír al Padre Carrón reflexionar sobre sus raíces. También a mí me gustaría mencionar el impacto que mi lugar de nacimiento ha tenido en mi trayectoria. Crecer en Gales fue un enorme regalo para mí, me dio la sensación de estar vinculado no solo a un paisaje, sino también a una historia, una cultura y una lengua. No crecí hablando galés, pero mis padres lo usaban entre ellos y con otros miembros de la familia, así que aprendí un poco, por lo que el sonido de otra lengua en casa era parte del entorno que contribuyó a formarme, con la sensación de que siempre había más de una manera de decir las cosas. La diferencia lingüística generó un enriquecimiento, porque me hizo darme cuenta de que hay más de una forma de relacionarse con el mundo. Pensar en la casa donde nací significa volver a unas raíces que nutren mi imaginación y me llevan a la reflexión.

Si he de mencionar otros lugares que han sido importantes para mí, sin duda haber pasado dos o tres décadas en las ciudades universitarias de Cambridge y Oxford fue evidentemente formativo. En ese ambiente se conversa a diario con personas cuyos intereses intelectuales y espirituales son a menudo muy diferentes de los propios. Se tiene que estar alerta y atento a la diversidad de mentes y corazones de la que estás rodeado. Para mí, la experiencia de mis años universitarios, los encuentros con estudiosos de diferentes disciplinas y orígenes, fue extremadamente importante.

Y luego hay un tercer entorno que tiene que ver con los dos años que pasé, mientras me preparaba para la ordenación sacerdotal, estudiando con una comunidad monástica en el norte de Inglaterra e interiorizando el ritmo de esa vida. Pensé mucho en hacerme monje y, aunque las cosas resultaron de otro modo, algo de aquella realidad sigue viva en mí, como el ritmo diario de alabanza en cualquier cosa que esté haciendo y, siempre que es posible, el espacio dedicado a la contemplación y al silencio ante Dios. Aquella atmósfera y aquel ambiente fueron muy formativos; aunque dos años no es mucho tiempo para pasar con una comunidad, creo que todos los que tuvieron la oportunidad de estudiar allí dirían que, a partir de entonces, sus vidas y su vocación se vieron muy influidas y moldeadas por aquella experiencia.

TAYLOR: Un hombre que tuvo una gran influencia en mí fue John Main, que inició el movimiento de meditación cristiana y me introdujo en él. Era una persona extraordinaria, un benedictino que había viajado a Oriente y había aprendido a meditar con un gurú indio en Malasia. Más tarde descubrió que este tipo de meditación estaba muy arraigado en la tradición cristiana desde la época de Juan Casiano. John Main retomó esta práctica dentro del cristianismo e inició un movimiento que ahora es mundial y está creciendo de manera considerable. Este monje no solo me impresionó profundamente por su fe, sino que también me dio una verdadera «disciplina» para avanzar. Fueron personas de este calibre las que me ayudaron a redescubrir mi fe. Aunque no siempre la he redescubierto relacionándome con la gente. A veces me ayuda leer algo que «da en el clavo» y de repente me abre un nuevo camino.

Una de las experiencias más hermosas que he vivido surgió cuando me invitaron a la Vigilia Pascual ortodoxa rusa, a la que nunca había ido. Durante la vigilia oí este maravilloso canto: «¡Cristo ha resucitado, ha resucitado de entre los muertos!» (*Christos voskrese!*). En ese instante me sentí profundamente conmovido. En aquel momento, mi padre se estaba yendo y a mí me agobiaba la muerte y la idea de la negación total que parecía implicar. Entonces escuché esta maravillosa canción del coro: «Con la muerte Cristo ha vencido a la muerte» (*Smerteeyou smert po prav*). Y esto me ha acompañado desde aquel día. Han pasado casi setenta años. La relación con la ortodoxia sigue siendo tremendamente importante para mí.

WILLIAMS: También pienso en el que probablemente fue uno de los momentos más formativos de mi época de estudiante de teología, cuando me pidieron que escribiera un ensayo sobre un libro de la escritora Iris Murdoch titulado *La soberanía del bien*.[61] El libro contenía algunas meditaciones sobre la naturaleza de la moral y la ética. En esas páginas, la autora hablaba de la influencia que había ejercido sobre ella la gran filósofa francesa Simone Weil y su idea de la atención. Para Murdoch, como para Weil, el principio de toda verdadera sabiduría y madurez moral reside en la atención, es decir, en dejar de lado la propia comodidad, las propias preferencias, incluso el propio interés: hay que dejar simplemente que lo que está ahí tenga el impacto que debe tener sobre nosotros. Hay, pues, una especie de rendición, de entrega a lo real.

---

61 I. Murdoch, *La sovranità del bene*, Carabba, Lanciano (CH) 2005. [*La soberanía del bien*, Taurus, Barcelona 2023].

TAYLOR: Tienes razón. La mayoría de las veces nos acercamos a la gente desde categorías generales. Pero hay algo increíblemente importante en ver lo particular, es decir, en ver lo específico de cada ser humano: lo que le mueve, lo problemático, lo que desea. No se puede construir una comunidad vibrante sin centrarse en lo particular.

WILLIAMS: De hecho, los errores que cometemos en nuestro lenguaje ético pueden ser al menos de dos tipos: está el error de no prestar atención a lo particular y luego, por supuesto, está la versión autorreferencial que nos lleva a decir: «No hay nada que esté absolutamente obligado a respetar excepto mi propia voluntad y mi propio bienestar. Por lo tanto, no necesito prestar atención a nada más». Lo que Iris Murdoch, Simone Weil y muchos otros dicen es que somos responsables de nuestros actos ante un orden de cosas que es distinto a nosotros. Para llegar a reconocerlo, tenemos que ser conscientes y estar atentos a las diversas estrategias que utilizamos para evitar prestar atención. Tenemos que desarrollar muchas herramientas para diagnosticar de qué forma nos juzgamos a nosotros mismos, o nos permitimos ignorar cosas o personas.

TAYLOR: Aquí surge un hecho realmente interesante: hay distintos tipos de «disciplina» que desempeñan un papel muy importante para nosotros. Para controlar el mundo con conocimientos científicos, se necesita un cierto tipo de «disciplina»; para ser un buen deportista, se necesita otro (si, por ejemplo, quiero ser campeón de golf practico el control de mi *swing*). Sin embargo, hay otras «disciplinas» que no se refieren a un ámbito concreto, sino que pueden definirse como «disciplinas de apertura». Por ejemplo, si nos fijamos en la espiritualidad jesuita, nos damos cuenta de que también se trata de una «disciplina», aunque de carácter diferente. En este caso consiste en abrirse e imaginarse escenas del Evangelio. Es un intento de hacer posible la recepción de lo que el Señor nos comunica en las Escrituras.

Vivimos, por tanto, en un mundo en el que coexisten «disciplinas» rivales: la finalidad de la meditación cristiana no reside en alguna forma de control (como en el caso de un buen swing), sino en ser más abiertos. Las personas que practican estas «disciplinas» de autoapertura están inmersas en una especie de viaje; más aún, en una exploración. Puede ocurrir que aún no sean plenamente conscientes de la meta hacia la que se dirigen. Sin embargo, se sienten atraídos por algo y se esfuerzan por abrirse más a ello, por «ir más allá» y ver más en profundidad lo que les atrae, sea lo que sea. Es el mundo de los «buscadores». Todas estas imágenes, todas estas metáforas (el viaje, la exploración, ser «buscadores») comparten la misma referencia: son un intento de llegar al «sentido de».

WILLIAMS: Estoy de acuerdo con lo que ha dicho Charles Taylor. La exigencia ética más rigurosa es prestar atención a lo que hay, ser «implacablemente» inteligentes y observadores de la realidad que tenemos delante, y ser conscientes de nuestra inevitable tendencia a hacer coincidir esa misma realidad con nuestros propios planes. Solo partiendo de esa apertura podemos llegar a ver que la persona que tenemos delante «coincide» con la llamada, la presencia y el don de Dios. La acción ética comienza en el respeto atento y amoroso a la persona que tenemos delante. Esto no significa que nunca nos cuestionemos a quién o qué tenemos delante; ni tampoco aceptarlo todo acríticamente. Solo significa que uno examina y se cuestiona sus propios deseos de comodidad; en cierto sentido, uno da gracias por la profundidad y la riqueza del mundo en el que nos encontramos. Esta forma de entender la moral me parece capaz de superar muchas críticas tajantes y superficiales que dividen el mundo entre conservadores y liberales: para servir a Dios hay que vivir en la realidad del mundo de Dios. Hay que aprenderlo a cualquier precio. A veces, el esfuerzo por dejar de lado las propias preferencias es tan serio como desearía el conservador, mientras que el grado de compromiso compasivo dentro de la circunstancia particular es tan flexible como desearía el progresista.

CARRÓN: Muchas veces no partimos de la experiencia vivida, sino de una imagen o una idea que cada uno tiene de qué es la realidad, el cristianismo o la vida, y todo esto prescindiendo de Cristo. La pregunta, entonces, es si existe la posibilidad de una experiencia común. En mi opinión, la pandemia fue una oportunidad para que todos tuviéramos una experiencia compartida, en el sentido de que todos tuvimos que asumirla. Cada uno nos vimos desafiados por ella —de un modo u otro, directa o indirectamente— y nos dimos cuenta de que nuestras preguntas eran acertadas y comunes. Este reto nos permitió poner a prueba los supuestos que subyacen a nuestro intento de estar en lo real: la verificación que cada uno hizo en esa circunstancia, si fuimos justos con la experiencia vivida, pudo marcar el inicio de un diálogo en el que se hizo posible compartir con los demás lo necesario para vivir. Compartimos tanto un terreno común en el que confrontarnos, como diferentes hipótesis de respuesta que cada uno ha verificado en esta situación.

Creo que la pandemia nos ha permitido a todos reconocer cómo un desafío tan poderoso puede contribuir al despertar del ser. ¡Cuántas veces, durante los meses de aislamiento, nos sorprendimos enfrentándonos a preguntas que quizá para muchos estaban enterradas bajo un manto de distracción! Viendo sufrir a un amigo, sabiendo de la muerte de muchas personas, surgieron preguntas que revelan un despertar del letargo en el que vivimos a menudo. La cuestión es si acompañamos ese despertar. No hay situación que pueda impedirlo: cuanto más nos desafía la vida y más poderosa es la provocación, más emerge el yo con todas las exigencias que lo caracterizan. Esto ocurre tanto en circunstancias negativas como positivas. Por ejemplo, cuando una persona es tratada injustamente, aflora toda la sed de justicia que estaba oculta en su interior. Del mismo modo, cuando la gente admira algo único, como la belleza de las montañas, se asombra y permanece en silencio ante el esplendor.

Carrón, usted acaba de decir que tenemos que revisar los presupuestos de nuestra relación con la realidad. ¿Puede explicarnos eso?

CARRÓN: La gracia de haber conocido a don Giussani me hizo tomar conciencia de que mi humanidad —con sus necesidades constitutivas de verdad, belleza, justicia, felicidad— es el criterio con el que lo comparo todo. Es mi necesidad de absoluto, que, como decía, Ernesto Sábato describe de un modo espectacular: «La nostalgia de ese absoluto es como un telón de fondo, invisible, incognoscible, pero con el cual medimos toda la vida»[62]. La fidelidad a este deseo y a esta nostalgia me facilitó el conocimiento del hecho cristiano como respuesta a mi humanidad, tal como la sentía vibrar en mí. Comprendí, así, por qué Jesús llama «bienaventurados» a los que tienen hambre y sed: porque serán saciados por su presencia. Cristo vino a responder al hambre y a la sed que yo sentía dentro de mí, entonces comprendí por qué san Pablo dijo: «Sin embargo, todo eso que para mí era ganancia, lo consideré pérdida a causa de Cristo. Más aún: todo lo considero pérdida comparado con la excelencia del conocimiento de Cristo Jesús, mi Señor».[63]

El encuentro con don Giussani me hizo tomar conciencia del método necesario para vivir. Me dio la conciencia del

---

62 E. Sábato, *España en los diarios de mi vejez*, Seix Barral, Barcelona 2004, p. 179.
63 Flp 3,7-8.

camino humano que necesitaba para alcanzar la certeza que la educación cristiana tradicional no me había dado. Me refiero a la experiencia del cristianismo como un acontecimiento, en el que —como afirma Benedicto XVI en la encíclica *Deus caritas est*— los conceptos recibidos de la tradición se han convertido en «carne y hueso». Se trata de «un realismo sin precedentes».[64] En el encuentro con el acontecimiento cristiano, los conceptos cobraron vida hasta el punto de conmocionarme. Por eso siempre le dije a don Giussani que le estaría eternamente agradecido porque, desde que le conocí, me ha permitido hacer un camino de maduración no solo de mi fe, sino también de mi humanidad. Siempre le estaré agradecido por este encuentro, porque llevó mi experiencia de fe más allá de lo imaginable. En este sentido, estoy convencido de que una de las mayores dificultades para comprender la naturaleza inherente al cristianismo proviene del hecho de que no se capta la magnitud del problema que representa la existencia humana.

Pienso a menudo en la frase de Chesterton: «El problema de nuestros sabios no es que no encuentren la respuesta, sino que ni siquiera ven el enigma».[65] Si uno no se da cuenta del problema, es difícil entender la razonabilidad de la «solución» que Cristo ofrece con su presencia. Mi encuentro con don Giussani me hizo comprender que la comparación de mis necesidades fundamentales (de verdad, belleza, justicia, felicidad) con la presencia de Cristo hace verdaderamente razonable la fe. Aunque ya había experimentado esta correspondencia, don Giussani me hizo aún más consciente de esta experiencia desde el punto de vista del método. Así me «lanzó» a afrontar toda la realidad con este criterio; todo lo que necesitaba para vivir lo encontraba viviendo. En definitiva, podía «aprovechar» cada

---

64 Benedicto XVI, Carta encíclica *Deus caritas est*, 25 de diciembre de 2005, 12.
65 G. K. Chesterton, *Ortodoxia*, Acantilado, Barcelona 2013, p. 40.

circunstancia para aprender más sobre la vida, la naturaleza de mi yo, el valor de mi humanidad. Por eso, cuando hablo de cristianismo y humanidad, no puedo dejar de ser consciente de todo esto, que ha sido decisivo para mi camino, no solo humano, sino sobre todo de fe.

Profesor Taylor, ¿cómo describiría su camino de fe?

TAYLOR: Hay momentos en los que tenemos una percepción de algo muy poderoso que está ahí, más allá de nosotros, que nos atrae y nos da una idea de cuál es el verdadero sentido de la existencia. Cuando se produce este tipo de descubrimiento, tengo una percepción muy fuerte de lo que significa estar lleno de *agápē*: de alguna manera, se disipan todas las preocupaciones y ansiedades sobre mi vida y lo que la amenaza. Me embarga la necesidad de encontrarme con personas llenas de *agápē* y, a la vez, mi deseo de devolverles algo. Así se fortalece mi fe. Luego hay ocasiones en las que ocurre lo contrario: me encierro en mis propios problemas, preocupaciones y dificultades. Sé que existe otra posibilidad, pero no tengo la misma percepción de ella que en las ocasiones que antes describía.

Por lo tanto, hay «presiones cruzadas»: momentos en los que la aguda sensación de posibilidad que representa el *agápē* parece desvanecerse. Es fácil pensar que simplemente no podemos hacer frente a la situación: bien porque vemos todas las cosas terribles que ocurren en el mundo, bien porque hay algo sin resolver en nosotros y esto nos preocupa de verdad. Esta es la experiencia de la duda, que es inseparable de la fe y que creo que necesitamos, de alguna manera, para avanzar en el camino de la fe. Es como estar de pie en un promontorio con el viento soplando en distintas direcciones: esa es la imagen que tengo de ese mal momento. Para afrontarlo, tienes que volver una y otra vez a tus «disciplinas» de «apertura». Otra imagen es la de una especie de señal de radio que nos llega y luego, como una radio de onda corta, se apaga y nos deja solos mientras intentamos retomar el contacto.

El *agápē*, en cambio, es el momento en que muchas cosas —las preocupaciones, los miedos, la sensación de incapacidad, de peligro, de insignificancia y todo lo demás— pueden desaparecer y podemos ser conscientes de la necesidad de alguien y sentirnos inmensamente atraídos por él; ahí reside el sentido de nuestra vida. Lo vemos en los Evangelios cuando Jesús se encuentra con alguien que no puede hablar o que tiene lepra. Como dije antes, incluso hay una palabra griega para describirlo: se sintió «conmovido en sus entrañas». Esto es el *agápē*. ¿Imaginan un mundo en el que esa sea la fuerza dominante? Es la cumbre de la vida: no ser el mejor jugador de tenis, ni el ingeniero más listo que puede mover una montaña, ni el líder de la tribu al que todos aclaman, ni siquiera gozar de una salud excelente. La Resurrección es un ser humano que es totalmente nuevo. Es ese pensamiento que a menudo no reconoces, a menos que lo admires inmensamente y que desees pueda convertirse en la totalidad de tu vida.

Mientras mantenemos estas conversaciones somos testigos de terribles guerras y de una violencia inhumana en diversas partes del mundo. ¿Podemos albergar alguna esperanza en medio de tanta tragedia?

Taylor: Es inevitable tener dudas cuando vemos que suceden cosas terribles a nuestro alrededor, como el rencor, el odio, la ira, los celos, etcétera. Nuestro sentido de lo «mejor» puede convertirse fácilmente en una movilización para lo peor. Pondré un ejemplo. René Girard señaló un aspecto central de la vida humana, el mecanismo del chivo expiatorio: como tengo una visión muy elevada de lo que debería ser como persona y como no dejan de recordarme lo lejos que estoy de este ideal, existe una enorme tentación de proyectarlo en otra persona en los siguientes términos: «Ellos son los que nos hacen malos. Nosotros seríamos muy buenos, pero están todas estas autoridades que nos contaminan, nos hacen peores y nos traicionan». Inmediatamente desaparece el sentimiento de pena por no estar a la altura: «Yo no soy responsable, me siento bien, soy excelente, todo lo malo viene de ellos».

En los últimos tiempos, gran parte de mi vida política se ha dedicado a combatir este tipo de actitud que está ganando terreno en Quebec. Está arraigada tanto en nuestro sentido de lo que es «superior» (algo por lo que luchamos con todo nuestro ser) como en esta inquietante y angustiosa capacidad que tenemos de convertirlo en mal.

¿Qué le sostiene en medio de estos retos?

TAYLOR: Lo que te saca de dudas es otra «oleada» de intuiciones gracias a aquellos a los que te encuentras. Para mí fue crucial haber conocido a personas realmente notables, no solo cristianos. Te cruzas con ellos y ves otra oportunidad de ser. Te inspiran, te conmueven y, de nuevo, sientes un fuerte apego. Pero no espero que el vaivén de la duda termine, al menos no en este mundo: forma parte de lo que nos hace crecer, tenemos que pasar por la duda para madurar. Creo que Dios siempre está trabajando para cambiarnos y, en cierto modo, si intentamos evitar estos momentos, estamos evitando los lugares donde podemos cambiar; es una hipótesis, pero a la que le doy mucho valor. Es imposible suprimir por completo los obstáculos: nunca acabarán. Hay que vivirlos y también el dolor que conllevan.

WILLIAMS: Nuestra incapacidad para estar a la altura del ideal requiere una especie de libertad respecto a lo que los demás proyecten sobre nosotros, porque no hay un modo seguro de estar siempre a la altura del ideal. Podemos esforzarnos por estar a la altura de nuestros ideales y fracasar en el intento. En cuanto a mí, estoy absolutamente seguro de que «no he hecho un buen trabajo». Podría estar horas contando mis errores, pero lo importante aquí es que nuestra esperanza no viene de obtener la respuesta «correcta» (ya sea conservadora o progresista). De lo que se trata es de ser fiel a Dios de la mejor manera posible. Por desgracia, no hay certificados que bajen del cielo y certifiquen: «Bien hecho, has sido fiel, has dado un paso adelante en la confianza». En su lugar, es necesario depender de los recursos de misericordia y gracia que siempre están presentes en la vida. Debemos reconocer honestamente nuestros fallos y evitar ocultarnos a nosotros mismos las heridas que nos hayamos podido causar. No debemos creer que esa es la última palabra, porque Dios sigue siendo Dios.

Creo que es la única manera de experimentar los retos de la verdadera moralidad, porque otras propuestas sugerirán ignorar aspectos del mundo o de uno mismo. Por ejemplo recuerdo cuando conocí como profesor, a los veinte años, algunos escritos sobre ética situacional, muy populares en los años sesenta y setenta: la situación te sugiere lo que es correcto hacer, y lo que es correcto coincide con lo que es amoroso. El problema es que utilizar este criterio (hacer lo que es amoroso) no es más que otra forma de confirmar la decisión que ya has tomado: «¿Me estoy comportando amorosamente? Sí, entonces no tengo que preocuparme». Esta actitud nos impide ver la tarea moral como un esfuerzo continuo y como un descubrimiento renovado que son posibles por el hecho de que lo que se manifiesta ante nosotros es, en última instancia, la abundancia de Dios. No se trata de una regla que hay que repetir en el examen, ni de una serie de obstáculos que hay que superar, sino de una abundancia que hay que descubrir. Habrá contratiempos y errores, pero aprenderemos de ellos si los examinamos con sinceridad y seguimos rezando.

TAYLOR: La esperanza tiene dos formas. Hay personas que conoces o de las que has oído hablar que poseen esta esperanza, que la manifiestan y se conmueven por ella de una manera muy profunda. Ante esas personas, una parte de tus dudas sobre las posibilidades humanas desaparece, también una parte de esa sensación abrumadora que te hace decir: «Nunca lo conseguiremos, esto es demasiado, los seres humanos nunca llegarán tan lejos». Y luego hay algo, que ocurre otras veces, que es casi imposible de entender: de repente te llenas de esperanza gracias a una pieza musical, una obra literaria, un poema, y esto ocurre porque estás captando y haciendo tuya una expresión de esa esperanza tan poderosa que por un momento también te llena. Las dos cosas van de la mano: por un lado, leer obras hermosas como *Los hermanos Karamazov*; por otro, conocer u oír hablar de personas extraordinarias. Las dos cosas juntas nos dan la sensación de que es posible vivir con esperanza. Y si es posible, entonces vale la pena seguir adelante, intentar estar ahí, abrirse a ello.

Permítanme añadir una última observación. Reconozco este tipo de esperanza también en personas que no comparten una visión cristiana del mundo. La reconozco en algunos budistas y musulmanes, así como en algunos ateos y no creyentes. En ellos veo una apertura a la posibilidad de vivir de forma diferente de la que nos dicta la perspectiva habitual, cínica y desilusionada con la que solemos mirar la vida. Ellos también reconocen la posibilidad de una gran metamorfosis. No se trata de la misma transformación que describe el cristianismo, sino de algo parecido. Es como si avanzara en una dirección paralela. Por eso me siento feliz y también capaz de trabajar, movido por el interés en causas comunes, con personas completamente diferentes a mí. En todo momento me encuentro trabajando con personas animadas por una gran variedad de «esperanzas de transformación», que son distintas entre sí pero, al mismo tiempo, similares. Esas personas tienen una idea de lo que podemos ser; se sienten profundamente decepcionadas cuando no estamos a la altura y mucho más felices cuando la realizamos. Este tipo de «dirección paralela» crea un nuevo tipo de relación, un nuevo tipo de amistad.

CARRÓN: Creo que para responder a la pregunta de si aún hay esperanza, como afirma Charles Péguy, «hace falta haber obtenido, recibido, una gran gracia».[66] La esperanza, en efecto, no es una actitud connatural, como nos enseñó Pavese: «¿Acaso alguien nos ha prometido algo? Y, entonces, ¿por qué esperamos?».[67] Aunque esta espera es constitutiva del corazón humano, cuando la vida nos desafía poderosamente (como hemos visto en la pandemia u otras situaciones), ante la pregunta de si hay esperanza aflora todo lo que hemos dicho hasta ahora. Es imposible decir que hay esperanza prescindiendo de un camino que nos permita alcanzar la certeza sobre qué puede desafiar cualquier situación e imprevisto. Lo vemos en la experiencia más básica: cuando un niño ha alcanzado la certeza de que su madre le quiere (porque en la convivencia con ella ha recogido muchas señales que le han llevado a esta convicción), aunque el mundo se derrumbara nunca pensaría que su madre pudiera dejar de quererle y, por tanto, tiene esperanza.

Este es también el método por el que podemos alcanzar una certeza, capaz de responder a los desafíos a los que una madre no puede responder. A veces, esa madre, aunque nos quiera no puede satisfacer las preguntas más incisivas del vivir. Solo quien ha encontrado una presencia como la que se encontraron los discípulos de Jesús —que después de vivir con Él habían alcanzado una certeza por la que no podían mirar al futuro sin tenerle en los ojos— será capaz de mirar con esperanza

---

66 Ch. Péguy, *El pórtico del misterio de la segunda virtud*, Encuentro, Madrid 1991, p. 20.
67 C. Pavese, *El oficio de vivir*, Seix Barral, Barcelona 1992, p. 290.

cualquier imprevisto. Nadie supo expresarlo con tanta claridad como san Pablo: «¿Quién nos separará del amor de Cristo? ¿Acaso la tribulación, la angustia, la persecución, el hambre, la desnudez, el peligro, la espada? [...] Pero en todas estas cosas vencemos de sobra por medio de Aquel que nos amó».[68]

Como sabemos, a san Pablo no se le ahorró nada (sufrimientos, persecuciones, encarcelamientos), pero todo ello, en lugar de ser un obstáculo para su certeza, se convirtió en una oportunidad para verificar el significado de aquella Presencia viva que había encontrado y que le permitió afrontar todas esas situaciones. Cada circunstancia era una oportunidad para la confirmación de una fe capaz de desafiar el futuro. Por eso san Pablo pudo hablar de una esperanza que no defrauda.

WILLIAMS: Mientras estudiaba literatura inglesa en el colegio, me impresionó y conmovió especialmente la tragedia de Shakespeare, que nunca me ha abandonado. En las tragedias —tanto en las griegas como en las de Shakespeare— se nos invita a mirar con honestidad, sin ninguna defensa ni tentación de escapar, unas circunstancias que no parecen tener ninguna característica positiva, que casi no tienen futuro. Estamos llamados a mirar con sinceridad —este es el tema central— el hecho de que el mundo no está, en su conjunto, lleno de finales felices. Esto no significa que el mundo no tenga esperanza. Terry Eagleton, amigo y colega escritor, publicó hace unos años un libro titulado *Esperanza sin optimismo*.[69] Hay mucho en este título. El optimismo nos llevaría a mirar la realidad y pensar: «Todo saldrá bien». La esperanza, en cambio, nos dice que, salga bien o mal, nunca habrá una palabra final de dolor, pérdida o fracaso mientras Dios siga siendo Dios. Nunca habrá

---

68 Rom 8,35-37.
69 T. Eagleton, *Esperanza sin optimismo*, Taurus, Barcelona 2016.

nada que bloquee por completo el futuro que Dios tiene en sus manos. No significa que Dios vaya a traer un final feliz a este mundo, sino que Su obra con la humanidad y Su fidelidad, incluso en los momentos más agudos e irreconciliables de sufrimiento o pérdida, no se ponen en duda. Centrarse en lo trágico no significa ser pesimista en lugar de alegre; significa afirmar que ninguna fe es realmente útil si no te ayuda a mirar la realidad a la cara. Si nuestra fe dijera: «Puedes creer en Dios siempre que tu mente no se detenga en esto o aquello», no creo que fuera muy útil. En cambio, nuestra fe dice: «Por supuesto, mira con sinceridad los peores momentos, los aspectos más oscuros del mundo». No olvidemos nunca que estas situaciones son trágicas y terribles por la gloria y la dignidad del ser humano, de lo contrario no serían tristes. Tengámoslo presente, y también tengamos presente que el compromiso de Dios con lo que ha creado es inquebrantable. Tengamos estas cosas presentes, pero sigamos mirando. Creo que eso es lo que hace un gran escritor cristiano como Dostoievski: subir conscientemente la apuesta, mostrarnos las cosas más sombrías tal como son y desafiar la respuesta de la fe a ser ella misma, a ser fiel.

Teniendo en cuenta los retos que hemos debatido, ¿cómo debemos abordar esta época de incertidumbre? ¿Cuál debe ser nuestra posición ante la secularización?

TAYLOR: La era secular es una invitación a crecer en la fe. Es una invitación a entrar en ciertas realidades en las que antes no podíamos entrar adecuadamente. Es cierto que presenta los elementos de un desafío, como cualquier invitación a crecer, porque te pone en una posición en la que tienes que responder. No siempre respondemos de la mejor manera, pero veo las circunstancias actuales como una apertura. Y eso es lo que encuentro extremadamente estimulante en la era secular.

También diré lo siguiente: cuando nos enfrentamos a una crisis, tenemos que aguantar. Cuando tenemos una experiencia negativa, solo tenemos que volver a la «disciplina» de la apertura. Y también hay mucho que podemos hacer: en mi caso particular, como he dicho antes, me interesa la política y hay ciertas acciones que puedo emprender para garantizar que el mundo refleje más este tipo de potencial humano y menos la terrible recreación del odio y las divisiones. Una iniciativa así requiere mucha colaboración y trabajo conjunto: ahí radica otro aspecto decisivo del camino compartido con personas cuya espiritualidad se mueve en la misma dirección que la nuestra.

CARRÓN: Creo que estamos ante un reto que puede ser una oportunidad. No la hemos buscado. Es una llamada que viene de la realidad, y podemos vislumbrar el designio que hay en ella. Lo descubrimos en la medida en que nos implicamos con la realidad: la secularización —paradójicamente— es una oportunidad, porque me está llamando, llama a todos a tener una mayor conciencia sobre cuál es la naturaleza del ser humano. Hoy emerge con más fuerza la grandeza de nuestro yo y toda la necesidad que somos. Todos tenemos la oportunidad de comprender plenamente nuestra naturaleza humana, y los cristianos la verdadera naturaleza del cristianismo: no un conjunto de reglas incapaces de responder a la sed que emerge cada vez más dentro de este contexto cultural, sino un encuentro con una realidad excepcional, histórica, presente, que nos hace experimentar una plenitud inimaginable. El papa Francisco lo ha dicho desde el inicio de su pontificado: «No me cansaré de repetir aquellas palabras de Benedicto XVI que nos llevan al centro del Evangelio: "No se comienza a ser cristiano por una decisión ética o una idea, sino por el encuentro con un acontecimiento, con una Persona, que da un nuevo horizonte a la vida y, con ello, una orientación decisiva"»[70]. El cristianismo es un acontecimiento, la experiencia de una vida que supera todas nuestras expectativas, que abraza y despierta todo nuestro deseo de plenitud y libertad, toda nuestra naturaleza humana. La única condición que necesita el Misterio para hacerse realidad es nuestra humanidad. Jesús entró en el mundo, se manifestó, despertó y atrajo los corazones de todos los que le encontraron y reconocieron. La respuesta cristiana a la secularización consiste en presentar un cristianismo no reducido a moral o a discursos. Significa volver al origen, redescubrir que el encuentro con Cristo corresponde al corazón humano.

WILLIAMS: Creo que vivir en la era secular es una vocación. Es una llamada de Dios y, por tanto, un don. Si lo vemos como una derrota, pensamos que hay una lucha cuyo resultado dependería solo de nosotros. Si lo vemos como un desafío, es posible que no comprendamos plenamente que es Dios quien nos espera y se relaciona con nosotros a través de esta situación. Si lo vemos como una oportunidad, tal vez no lo veamos como algo que «se nos ha dado». Cuando, en cambio, hablamos de ello como una llamada de Dios, nos damos cuenta de que las circunstancias de hoy son un don de Dios. Nos invitan a una relación más profunda con Dios y con el mundo de Dios. Así que tal vez podamos empezar con esto. La secularización es una vocación. Es un don.

---

70   Francisco, Exhortación apostólica *Evangelii gaudium*, cit., 7.